MÄDELSABEND

oder

Wie du mit köstlichen und schnellen Rezepten
deine Freundinnen verwöhnst

ROSE MARIE DONHAUSER

Mädelsabend

oder
Wie du mit **köstlichen & schnellen**
Rezepten deine Freundinnen
verwöhnst

MIT FOTOS VON GUDRUN PETERSEN

Jan Thorbecke Verlag

VERLAGSGRUPPE PATMOS

PATMOS
ESCHBACH
GRÜNEWALD
THORBECKE
SCHWABEN

Die Verlagsgruppe
mit Sinn für das Leben

*Für meine **Inspirationsquellen** und **Prosecco-Freundinnen***
Birgit, Gabi, Gitta, Marion** und **Susanne
*sowie **Laura** und **Aurelia**, die gerne immer wieder mal dabei sind.*

MIX
Papier aus verantwor-
tungsvollen Quellen
FSC® C095359

Für die Schwabenverlag AG ist Nachhaltigkeit ein
wichtiger Maßstab ihres Handelns. Wir achten daher
auf den Einsatz umweltschonender Ressourcen und
Materialien.

Gestaltung: Finken & Bumiller, Stuttgart
Druck: Himmer AG, Augsburg
Hergestellt in Deutschland
ISBN 978-3-7995-0560-4

INHALT

Mein Mädelstreffen – Lebensfreude pur

Es gibt die Dienstagsfrauen, die Kaffeekränzchen-Damen, die Frauen-Treffs und die Mädels-Runden. Egal wie man/frau sie nennen möchte, irgendwann gab es einen Anlass, dass sich diese eine spezielle Gemeinschaft von Frauen formiert hat. Möglicherweise ist sie durch zwei Frauen entstanden, von denen wiederum jede eine andere nette Freundin hatte – und plötzlich wurden daraus mehrere Frauen. Meist gibt es eine Gemeinsamkeit, die alle verbindet. Und ob die Runde dann noch aus der Kindergartenzeit (der eigenen oder der Kinder), der Schulzeit oder dem Studium stammt bzw. durch die Arbeit oder ein gemeinsames Interessengebiet – sei es durch Sport oder ein verbindendes Hobby wie Stricken oder Origami – entstanden ist, ist eigentlich egal. Wichtig und vor allem schön daran ist, dass diese Frauenrunden für langfristige Freundschaften bestimmt sind.

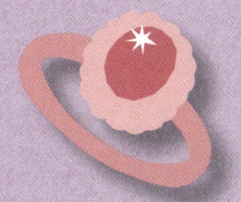

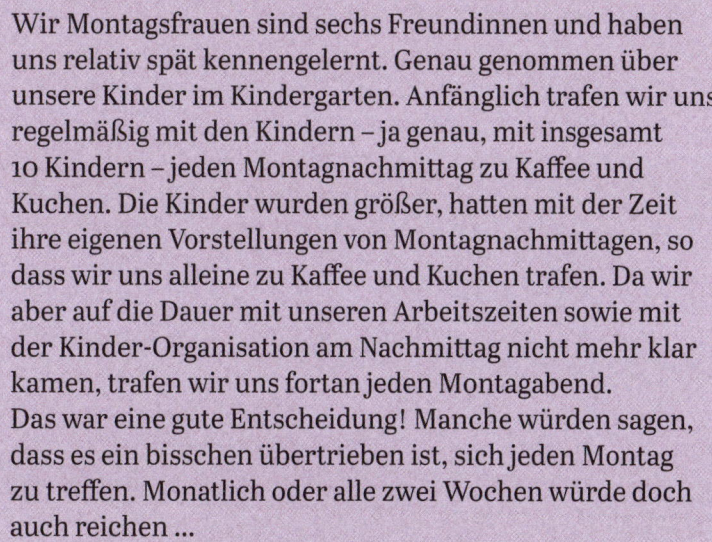

Wir Montagsfrauen sind sechs Freundinnen und haben uns relativ spät kennengelernt. Genau genommen über unsere Kinder im Kindergarten. Anfänglich trafen wir uns regelmäßig mit den Kindern – ja genau, mit insgesamt 10 Kindern – jeden Montagnachmittag zu Kaffee und Kuchen. Die Kinder wurden größer, hatten mit der Zeit ihre eigenen Vorstellungen von Montagnachmittagen, so dass wir uns alleine zu Kaffee und Kuchen trafen. Da wir aber auf die Dauer mit unseren Arbeitszeiten sowie mit der Kinder-Organisation am Nachmittag nicht mehr klar kamen, trafen wir uns fortan jeden Montagabend.
Das war eine gute Entscheidung! Manche würden sagen, dass es ein bisschen übertrieben ist, sich jeden Montag zu treffen. Monatlich oder alle zwei Wochen würde doch auch reichen …
Doch wir freuen uns – jede Woche aufs Neue – darauf. In Ruhe quatschen zu können, miteinander das eine oder andere Gläschen Mädchenbrause (Prosecco) zu trinken und die Gelegenheit zu nutzen, über viel mehr als nur über unsere Kinder reden zu können. Und natürlich spielt das gemeinsame Essen eine große Rolle. Die besten Rezepte aus unserer kulinarischen Runde sind in diesem Buch veröffentlicht.

Viel Spaß beim Essen, beim Quatschen und Wohlfühlen in Ihrer Freundinnen-Runde
wünscht
Rose Marie Donhauser

Meine Tipps
für die Mädelsrunde

Quasseln, tratschen und schlemmen

Quasseln und essen oder quasseln zum Essen – das gehört für Frauen zusammen und erfordert eine Art „Multitasking", die wir schon von Geburt an beherrschen. Multipliziert man/frau das mal sechs, dann geht es am Tisch recht munter zu. Kreuz und quer – irgendeine hält einen Monolog und lässt möglicherweise die andere nicht ausreden, dann quatscht eine dazwischen und zuletzt „renkt" sich verbal alles wieder ein, so dass nur noch eine am Reden ist. Wer viel quatscht, isst natürlich länger – und so zieht sich „die kulinarische Polsterung" durch den Abend, zuerst pikant und zum Abschluss süß. Natürlich gibt es das eine und vor allem das andere Schlückchen Prosecco dazu – immer mit dem „ulkigen" Zeigefinger, auf die Kalorien zu achten, jene Tierchen, die nachts die Kleidung enger nähen werden ...

Wichtig ist uns allen, immer die dreifache Menge Wasser dazu zu trinken, um den alkoholhaltigen Prosecco anständig zu verwässern ... Auch wenn über dem Herd ein Schild hängt, auf dem geschrieben steht: Save water, drink Champagne – wir nehmen die günstigere Variante: Prosecco. Unsere Männer verflüchtigen sich (sehr gerne) an Montagabenden, also alle 6 Wochen einer – nicht alle auf einmal – und sie können es auch nicht verstehen, dass es jede Woche wieder so eine Menge an neuen Informationen, Erlebnissen und unwichtigen Problemchen gibt, die nur darauf warten, besprochen, von allen Seiten beleuchtet, von jeder „erfahren" und entsprechend individuell kommentiert zu werden. Das geschieht jedoch mehr mit „einem Bonbon in der Backe", also eher scherzhaft, weil sie uns im Grunde vielleicht darum beneiden, dass wir die Dinge einfach an- und aussprechen können, auch wenn wir dazu „ganz viele Worte" brauchen. Und in der Essenz sind sie auch stolz auf uns, dass wir schon seit soooo vielen Jahren

unsere Freundschaften intensiv pflegen und füreinander da sind. Wir scherzen oft selbst über unsere „gesprächige Runde", dass wir bei allen Themen, die wir durchforsten, nicht bei „Gossip" – Klatsch und Tratsch – landen. Dafür stehen wir zu sehr im Leben, haben Interesse an Kunst, Kultur und Reisen – und wenn wir uns mal über George Clooney oder Johnny Depp unterhalten, dann geht es bestimmt um einen wahnsinnig intellektuellen Film. Oder um Mode, um Kinder, ums Essen, wer wann wie in den Urlaub fährt, wo ein neues Restaurant eröffnet und warum das andere zugemacht hat … und wiederum erwischen wir uns dabei, dass wir darüber witzeln, weil es doch heißt: Die Männer sind für die wichtigen Dinge und die Frauen für die unwichtigen Dinge zuständig. Im Klartext heißt das bei uns, dass unsere Männer gerne den amerikanischen Präsidenten „wählen" dürfen – und wir, wohin es in den Urlaub geht.

Was koche ich bloß?

Im Prinzip ergibt sich das jeweilige „Essens-Thema" bei uns von selbst. Vorausgesetzt, man ist in einer regelmäßigen „weiblichen Kommunikationsrunde", denn dann wird im Normalfall sowieso irgendwie immer und meistens eigentlich dauernd über Essen gesprochen. Zum Beispiel wenn Susanne erzählt, dass sie bei ihren Eltern in Hamburg war, frischen Fisch mitbringt und fragt, ob sie mit einer von uns ihren Treff tauschen könnte, damit das mit ihren „Fisch-Mitbringseln" klappt. Oder ich bin einige Tage in Oberbayern und bringe bayerische Brotzeit-Utensilien wie Schinken, Würste, Leberkäse und Weißwürste mit, die auch zügig gegessen werden wollen. Da jede von uns aus einer anderen Ecke von Deutschland stammt, ist der „Montagstisch" recht abwechslungsreich bestückt: Von der Nordseeküste bis zu den Alpen … Zudem möchte jede Freundin ihren Freundinnen etwas Besonderes bieten, was nicht in Hinblick auf teure Lebensmittel gemeint ist, sondern vielmehr ein „Aha-Erlebnis" in Form von kulinarischen Novitäten. Marion zum Beispiel bringt des Öfteren von ihren Brandenburger Ausflügen geräucherten Fisch mit, Birgit von polnischen Stippvisiten Spargel, Pilze und Beeren und Gabi immer wieder mal ein neues Rezept von anderen Freundinnen aus dem Ruhrpott.

Saisonal und regional

Der Saisonkalender und die regionalen Lebensmittel aus dem Umland sind außerdem maßgeblich für den Speiseplan entscheidend. Wird im Supermarkt frischer Spinat angeboten, so greife ich zu und bereite daraus einen Salat oder dünste ihn als Beilage. Sind wir mitten in der Spargelsaison, so schlemmen wir Spargel in Hülle und Fülle: von der Suppe über den Salat bis zu gekochtem Spargel mit Kartoffeln und gegrilltem Spargel mit Schnitzel. Sind Pfifferlinge im Angebot, gibt es Feldsalat mit gebratenen Pfifferlingen oder auch mal ein Geschnetzeltes mit Pfifferlingen und Bandnudeln. Im Herbst kann es sein, dass irgendeine von uns Stopp schreit, wenn es jede Woche Kürbissuppe gibt, aber schon nach dem Ende der Kürbissaison schwelgen wir wieder in Kürbissuppen-Rezepten. Birgit ist unsere Grünkohl-Königin – ein Winter ohne Grünkohl mit Pinkel, Kasseler und Salzkartoffeln ist mittlerweile für mich unvorstellbar. Sie widmet diesem frostigen grünen Kräuselkohl dermaßen viel Aufmerksamkeit, dass wir öfter ulken, ob sie ihre „Kindheitserinnerungen" alle nachkocht.

Und apropos Kohl – da sind wir uns alle einig: Diätrezepte mit den zig Kohlsuppenvarianten mögen wir überhaupt nicht. Dann schon lieber eine gut gemachte Kohlroulade mit Kartoffelstampf, die wir aber leider nur alle Jubeljahre bekommen, weil diese immense Arbeit für einen Montag einfach zu viel ist.

Nach Gusto?

Klar, Saisonkalender und persönlicher Gusto stimmen nicht immer überein. Und Gelüste, die hochkommen und einen spontan überfallen, sind nicht einfach zu ignorieren. Speziell, wenn der Einkauf für Montagabend erst ein paar Stunden davor stattfindet, was bei uns allen gelegentlich vorkommt. Da gehen einem Gedanken durch den Kopf wie: „Nudeln habe ich zu Hause. Was geht schnell? Was sieht gut aus? Auf was habe ich Lust?" Und wupp sind Zutaten für ein schnelles Gemüse-Curry im Einkaufswagen. Naja, die Nudeln zu Hause werden ja nicht schlecht.

Wir wissen nicht jede Woche, was uns kulinarisch erwartet. Es kann zwar durchaus sein, dass wir uns beim Montags-Verabschieden kurz besprechen, und sei es nur,

dass beispielsweise Gabi fragt: „Was haltet ihr davon, wenn ich nächste Woche mein Coke-Hähnchen mache?" Oder Marion schon ankündigt, dass sie nächste Woche so im Stress ist, dass es garantiert nur „kalt" gibt. Aber meistens lassen wir uns überraschen, was die jeweilige Freundin so zubereitet – und das macht ja schließlich auch einen Großteil des Reizes aus.

Nach Motto?

Entweder gibt eine Feierlichkeit ein Motto vor, eine Art der Zubereitung oder ein Landesthema. Es kann auch eine TV-Sendung sein, die eine Mädelsrunde zum gemeinsamen Fernsehabend zusammenbringt. Ob das nun eine Model- oder Bachelorsendung, eine Soap-Opera oder ein gemeinsamer DVD-Abend ist. Mottos gibt es viele bzw. Freundinnen finden immer Gründe, um es sich miteinander nett zu machen.

Wenn ich meine Freundinnen überraschen will, und das mache ich sehr gerne, probiere ich etwas völlig Anderes, oftmals für alle Beteiligten Überraschendes aus. Einmal habe ich einen roten (Montag-)Abend veranstaltet. Es gab Radicchio-Salat mit Krabben, rote Paprikacremesuppe mit Tomaten und Erdbeer-Tiramisu. Natürlich mit roten Servietten und roter Dekoration. Daraufhin kam Birgit auf die Idee, einen grünen (Montag-)Abend mit grünem Spargelrisotto und Kiwi-Tiramisu zu kochen.

Ein Menü, den Topf auf den Tisch oder Fingerfood?

Je nach Anlass kann es auch ein Menü sein, aber dies signalisiert eher einen festlicheren oder offiziellen Charakter. Ein Menü, das aus mehreren Gängen besteht, gucken wir lieber im Fernsehen und „beäumeln" uns, wer nun wieder gut, schlecht oder überhaupt nicht kochen konnte. Generell ist der Aufwand für ein Menü groß und passt auch gar nicht so richtig zu unseren legeren abendlichen Treffen. Dagegen lieben wir die Präsentation von Vorrichtungen auf dem Tisch wie Auflaufformen, Pfannen, Töpfen, Fonduegeschirr – aus denen wir gemeinsam essen – möglichst stundenlang, ausgiebig und mit viel Gequatsche. Oder Fingerfood, das handlich zum Greifen ist, dazu auch platzierte Schüsselchen, am besten auf dem ganzen Tisch, mit diversen Brotaufstrichen, Antipasti, Gemüse und Früchten.

NACH FARBEN KOCHEN – AUCH MAL EIN WITZIGES MOTTO

Schwarz: Guiness-Bier, Schwarzbrot mit schwarzer Trüffelbutter, schwarze Oliven, schwarzer Bohneneintopf, Mohnkuchen, Cola (vielleicht Cuba libre, Cola mit Rum), Kaffeelikör, Espresso

Rot: Chili con Carne, Lachs, rot gefärbte Chilinudeln, gekochter Hummer, Rote Grütze, Strawberry Daiquiri, Erdbeereis, Kirschkuchen, Tomatensaft, Radicchio- und Rote-Bete-Salat

Gelb: Safrannudeln, gelb gefärbte Paella, Maissuppe, Bambussprossen aus dem Wok, Eiersalat, Vanille-Shake, Eierlikör, Tiramisu (allerdings mit Puderzucker), Cappuccino

GRÜN: Grünes Avocadomus, Spinatcremesuppe, Erbseneintopf, Bratlinge mit Mangold, gratinierter Brokkoli, Rosenkohleintopf, Kiwi-Sahnetorte, Bols blau mit Orangensaft, grüne Oliven, Kopfsalat mit Vinaigrette, grüner Tee

In der Beliebtheitsskala steht Raclette in allen Varianten an oberster Stelle, dann folgen Käsefondue, Brühe-Fondue (Fondue mit Fett stinkt uns zu sehr), auf dem Tischgrill gegrillte Würstchen mit Gemüse und das Schoggi-Fondue aus dem Keramik-Topf.

Gastfreundschaft zelebrieren – auch mit schmaler Geldbörse

Bei sechs Freundinnen, die jede Woche abwechselnd einladen, ist der gleichberechtigte Ausgleich gegeben. Keine fühlt sich mit der Gastfreundschaft über- oder unterfordert. Wer nun von den Freundinnen „aufkocht" und mehr Geld ausgibt oder mit schmalem Budget sein Möglichstes gibt, das tut bei uns Freundinnen nichts zur Sache. Jede leistet so viel, wie in dem jeweiligen Haushalt möglich ist. Zudem existieren sehr viele Beispiele für Gerichte, die mit einer schmalen Geldbörse zu vereinen sind, z.B. Spaghetti mit Tomatensauce und grünem Salat, selbst hergestellte Pizza (Blechkuchen mit Allem), Gemüsesuppe, Lasagne, Frikadellen mit Kartoffelbrei, Kaiserschmarrn mit Apfelkompott oder „kaltes Abendbrot". Auch die Rezepte in diesem Buch sind alle in einem moderaten Budget, so dass ein „Mädelsabend" kein Vermögen kostet. Wichtig ist nur, dass gekocht wird oder wenigstens frische Lebensmittel zubereitet oder vorbereitet werden. Keine Chipstüten, Knabberzeugs & Co. oder Fertigprodukte wie TK-Lasagne und Tüten-Zauber. Dafür haben wir alle einen Grundanspruch in Bezug auf vernünftige Ernährung. Eine Mädelsrunde für uns sechs unter 20 Euro kann durchaus veranschlagt werden, aber dann ohne Prosecco.

Vorarbeit – und ein entspanntes Miteinander

Jede von uns hat ihre eigene Art, mit der Vorbereitung am Montagabend umzugehen und montags im letzten Moment oder mit genügend Planung schon am Samstag einzukaufen. Ob beim Eintreffen der Freundinnen noch „etwas wirr" in der Küche stehend oder schon entspannt mit einem Gläschen Prosecco die Türe aufmachend - das ist eben individuell und gleichzeitig liebenswert, weil jede so anders ist. Was die Vorarbeit betrifft, so suchen wir uns alle immer Rezepte aus, die eben gut vorzubereiten sind, so dass beim Eintreffen der „Damen" alles fertig ist. Das kann ein

VORSCHLÄGE FÜR EINEN ABEND UNTER 20 €

Vorspeise:
Tomate mit Mozzarella und Bruschetta
Hauptspeise:
gebratene Putensteaks mit kalter Thunfischsauce
oder
Vorspeise:
Bunter Salat mit Schafskäse und Baguette
Hauptspeise:
Tomatensuppe mit Cocktailgarnelen
oder
Vorspeise:
Guacamole mit Rohkoststicks
Hauptspeise:
Aurelias Frittata
oder
Vorspeise:
Hackbällchen mit Mozzarelline
Hauptspeise:
Lauras Schoggi-Fondue
oder
Vorspeise:
Hummus mit Fladenbrot
Hauptspeise:
Gegrilltes Gemüse aus dem Ofen
oder
Vorspeise:
Feldsalat mit Croûtons
Hauptspeise:
(mitgebrachte) 4 halbe Grillhähnchen zum Teilen
oder
Vorspeise:
Bruschette mit Tomaten
Hauptspeise:
Risotto mit Gorgonzola

Auflauf im Backofen sein, bei Spaghetti Bolognese ist die Sauce fertig, möglicherweise kochen die Nudeln noch oder werden erst beim Eintreffen ins Wasser geworfen. Genauso kommen die Suppe oder das Pfannengeschnetzelte vom Herd auf den Tisch, die Dippsaucen aus dem Kühlschrank, das Dressing wird à la minute mit dem Salat vermischt.

Jede is(s)t anders

Das, was wir schätzen, ist, dass jede von uns ihre individuelle Persönlichkeit einbringt. Wir freuen uns darauf, jedes Mal einen anderen gedeckten Tisch zu begutachten. Birgit ist mehr die Tüftlerin und schmückt mit einer Hingabe und entsprechenden Accessoires den Esstisch. Gabi hat eine kleine Drehplatte auf dem Esstisch, eine sogenannte „Lazy Susy", mit der jede von uns daran drehen kann, um an die gewünschte Speise zu kommen. Sehr praktisch und immer ein witziges Gesprächsthema. Susanne ist jedes Mal überraschend „neu eingedeckt", je nach Zeit und Lust, von Tischdecke bis ohne. Marion setzt auf klassisches Aufdecken und gekonntes Platzieren von Platzdeckchen bis Platzteller. Gitta ist nicht einschätzbar – und würde am liebsten das ganze Jahr auf der Terrasse aufdecken. Tja, und ich bin eher die schnörkellose Non-Deko-Frau und setze gezielt auf die Hauptakteure – die leckeren Gerichte! Das Wichtigste für unsere Mädelsrunde ist, dass wir uns aufeinander freuen und Spaß haben. Ob nun von rechts oder links eingedeckt ist, das ist egal und fördert schon eher wieder die Lachmuskeln. Bei einer guten Freundschaft gibt es nichts Kompliziertes, Gestelztes oder Gründe, um die Nase zu rümpfen.

Erlaubt ist, was gefällt

Anregungen für ein gemütliches Treffen mit Essen gibt es in diesem Buch genügend, die Rezepte sind abwechslungsreich für alle Geschmäcker. Ob nun ein Thema oder ein Motto gewünscht ist, kann zudem zusammengestellt werden. Und wem das alles alleine zu aufwendig ist, kann seine Freundinnen anrufen, kulinarische Aufträge erteilen und eine „Mitbring-Party" veranstalten. In diesem Sinne:

„Sit down and feed and welcome to our table."
Shakespeare, Wie es Euch gefällt

Brunch

Zu spät für BReakfast,
zu früh für LUNCH – BRUNCH

Wir treffen uns auch gelegentlich zum Brunch. Gerne mit viel Zeit – und einer schönen Auswahl an Köstlichkeiten. Insbesondere, wenn ein Geburtstag ansteht – noch dazu im Frühjahr oder im Sommer – und wir auf einer Terrasse sitzen oder gar im Garten den Brunch mit „open end" für ein ausgiebiges Sonnenbad nutzen können. Natürlich findet das vorzugsweise an einem Sonntag statt, wenn alle „ausschlafen" und entspannt zum kulinarischen Treffpunkt erscheinen können. 12 Uhr mittags kommt allen entgegen. Am liebsten veranstalten wir den Brunch bei Birgit, denn sie und ihr Ehemann besitzen einen Schrebergarten (mit Einbauküche), der sich buchstäblich dazu anbietet. Damit nicht nur eine Person, in dem Fall Birgit, die ganze Vorbereitungsarbeit hat, helfen wir stets zusammen. Im Vorfeld besprechen wir, was sich zum Essen anbieten würde und verteilen dann die Aufgaben, je nach Koch- und Backstärken der einzelnen „Mädels". Die Person, die dann gleich verlauten lässt, dass sie eigentlich überhaupt keine Zeit zum Kochen oder Backen hat, teilen wir zum Besorgen von Brötchen, Croissants und Baguette ein. Zeitgleich „quasseln" alle Mädels durcheinander und die am lautesten vernehmbare Stimme – also meine – sagt: „Ich mache die Lachs-Schneckchen, das geht schnell und schmeckt himmlisch." Gitta, unsere Käseliebhaberin, setzt nach: „Kannst Du nicht auch die Käsecreme von dir zu Hause aus Oberbayern machen?" „Na sicher, Gitta, du meinst den Obatzn mit Camembert".

Marion bietet sich meistens für das Zubereiten von Mozzarella-Tomaten-Variationen, Satay-Spießen und Kuchen an. Jedenfalls klappen die Koch- und Backaufträge immer sehr gut. Wir haben eine Hauptspeise, wie beispielsweise den Sauerkrautauflauf, viele Kleinigkeiten von Eiersalat bis zum Heringssalat, etwas Aufschnitt wie Käse, Lachs und Schinken, mindestens einen frischen Blattsalat, einige Brotaufstriche, eine Suppe und Süßes zum Naschen. Alle trinken Kaffee, außer Gitta, die bekommt ihren Tee, Prosecco ist genügend gekühlt und Wasser wird vom Leitungshahn gezapft und mit Zitronenscheiben sowie mit frischen Kräutern im Krug serviert. Für die Männer, die auch mal dabei sein dürfen, gibt es die eine oder andere Flasche Bier. Bei unseren Brunch-Treffen hat sich eine Süßspeise zum „Dauerbrenner" etabliert und das ist das „schnelle Sherry-Trifle". Dazu fertigen Biskuitboden in kleine Stücke schneiden und in einer Schüssel mit Krokant bestreuen. Mit Sherry beträufeln, mit Pfirsichstückchen (Dose) belegen und mit frisch gekochter Vanillesauce überziehen. Im Kühlschrank gut durchziehen lassen und mit Sahnetupfern garnieren.

Gebackener *Ziegenkäse* mit *Granatapfelkernen*

1. Den Backofen auf 200 °C (Umluft 180 °C) mit Grillstufe vorheizen. Den Granatapfel mit den Händen brechen und die Kerne heraustrennen. Diese in einer Schüssel mit dem Honig verrühren.

2. Die Ziegenkäserolle in 8 Scheiben schneiden. Jede Scheibe mit einer Speckscheibe umwickeln und diese mit einem Hölzchen feststecken. Eine Auflaufform mit Pflanzenöl auspinseln und die Speck-Ziegenkäsescheiben einlegen. Alles mit Pfeffer würzen.

3. Die Granatapfelkerne auf den Ziegenkäseportionen verteilen. Die Auflaufform in den vorgeheizten Backofen schieben und die Käseportionen in 4–5 Minuten backen.

Tipp: Diese „hübschen Törtchen" entweder auf Vorspeisenteller verteilen und servieren oder in der Auflaufform auf den Esstisch stellen. Eventuelle restliche Granatapfelkerne großzügig über die Teller streuen.

Zutaten für 8 Mini-Portionen
Zubereitungszeit: 20 Minuten

1 Granatapfel
1 EL Honig
1 Ziegenkäserolle (200 g)
8 hauchdünne Speckscheiben
(Frühstücksbacon)
1 TL Pflanzenöl
grob geschroteter schwarzer Pfeffer

Außerdem:
8 Holzspießchen (Zahnstocher)

Zutaten für 4 Portionen
Zubereitungszeit: 30 Minuten

1 kleine Zwiebel
1 rote Paprikaschote
250 g gekochte Kartoffeln
   (vom Vortag)
250 g Tomaten
2 EL Pflanzenöl
6 Eier
100 ml Mineralwasser mit Kohlensäure
   (oder Leitungswasser)
Salz
schwarzer Pfeffer aus der Mühle
½ TL Kurkuma
1 Msp. Kreuzkümmel
1 Msp. Chilipulver
2 EL Petersilie, fein gehackt
   (TK oder frisch)
50 g frisch geriebener Käse
   (z.B. Gouda)

Aurelias
Frittata

1. Die Zwiebel schälen und in dünne Ringe schneiden. Die Paprikaschote waschen, längs halbieren, entkernen und quer in feine Streifen schneiden. Die Kartoffeln in etwa 1 cm Würfel schneiden. Die Tomaten in kleine Würfel schneiden.
2. Das Pflanzenöl in einer großen beschichteten Pfanne erhitzen und die Zwiebeln darin glasig andünsten. Die Paprikastreifen hinzufügen und 4–5 Minuten anbraten. Dann die Tomaten untermischen und alles bei kleiner Hitze 6–7 Minuten dünsten, bis die Flüssigkeit fast verdampft ist. Die Kartoffelstücke untermischen und 2 Minuten braten.
3. Die Eier mit Mineralwasser, Salz, Pfeffer, Kurkuma, Kreuzkümmel und Chilipulver verquirlen. 1 EL Petersilie unter das Gemüse mischen, die Eier darübergießen und mit dem Käse bestreuen. Die Pfanne mit einem Deckel verschließen und die Fritatta bei kleiner Hitze in 6–8 Minuten stocken lassen.
4. Die Omelette von der Pfanne auf eine Vorlegeplatte gleiten lassen und mit der restlichen Petersilie bestreuen.

Tipp: Das Gewürz Kurkuma ist für die goldene Farbgebung wichtig und das Chilipulver bringt ein bisschen „Feuer" rein. Die Frittata ist heiß, warm und auch kalt sehr empfehlenswert.

Satayspieße mit
Kokos-Erdnuss-Dipp

1. Die Zitronengrasstiele waschen, die äußeren Blätter entfernen und die Stiele mit einem Messer etwas spitzer zuschneiden. Die Hähnchenbrustfilets in 12 Stücke von etwa 8 cm Länge und etwa 2 cm Breite schneiden.
2. Je ein Fleischstück auf einen Zitronengrasstiel aufspießen und zwar so, dass die Hähnchenfilets zwei- bis dreimal durchstochen werden. Die Fleischspieße auf einen Teller legen und mit Sojasauce beträufeln. Mit Folie abdecken und zum Durchziehen für 1 Stunde in den Kühlschrank stellen.
3. Für den Dipp alle Zutaten in einem Topf verrühren und bei mittlerer Hitze 2–3 Minuten erhitzen. Das Pflanzenöl in einer großen beschichteten Pfanne erhitzen und darin die marinierten Hähnchenspieße von allen Seiten 2–3 Minuten kräftig anbraten. Die Hitze zurückdrehen und die Spieße in 2–3 Minuten fertig braten.

Tipp: Alle Zutaten bekommt man problemlos im gut sortierten Supermarkt. Sollte es an den frischen Zitronengrasstielen scheitern, einfach Schaschlikspieße aus Holz oder Metall verwenden.
Beilage: Dazu passt Reis. Langkorn- oder Basmatireis unter fließend kaltem Wasser waschen und in einem Sieb abtropfen lassen. Für 4 Portionen zwei Becher Reis und vier Becher Wasser in einem Topf mit einer kräftigen Prise Salz aufkochen. Dann die Hitze reduzieren und den Reis in etwa 10 Minuten fertig kochen, bis das Wasser aufgesogen ist.

Zutaten für 4 Portionen
Zubereitungszeit: 30 Minuten plus
1 Stunde Ruhezeit

12 Zitronengrasstiele
500 g Hähnchenbrustfilet
3 EL helle Sojasauce
6 EL Pflanzenöl

Dipp:
200 ml Kokosnussmilch
2 EL Honig
1 kräftige Prise Salz
4 EL Erdnusscreme (Peanut butter crunchy)

Lachs-Schneckchen
im Tortillamantel

Zutaten für 4 Portionen
Zubereitungszeit: 30 Minuten plus
1 Stunde Kühlzeit

4 Tortillas (Fertigprodukt)
100 g Sahnemeerrettich
2 EL frisch gehackter Dill
200 g dünn geschnittene
   Räucherlachsscheiben

Außerdem:
Alufolie
Holzspießchen (Zahnstocher)

1. Die Tortillas auf einer Arbeitsfläche auslegen und gleichmäßig mit dem Sahnemeerrettich bestreichen.
2. Mit Dill bestreuen und die Räucherlachsscheiben darauf
auslegen. Jede Tortilla fest aufrollen, in Alufolie packen
und für etwa 1 Stunde in den Kühlschrank legen.
3. Kurz vor dem Servieren die Lachs-Tortilla-Rollen schräg
in etwa 2 cm Stücke schneiden. Diese bei Bedarf mit einem
Hölzchen fixieren und mit den Schnittflächen auf eine
Vorlegeplatte legen.

Tipp: Diese Lachs-Schneckchen schmecken auch sehr gut,
wenn anstelle von Tortillas frisch zubereitete Eierkuchen
(Pfannkuchen) verwendet werden.

Mango-Tango *mit* **Krabben**

Zutaten für 4 Portionen
Zubereitungszeit: 30 Minuten

1 große saftig süße Mango
½ Bund gemischte Kräuter (Dill,
  Petersilie, Schnittlauch)
250 g gepulte Nordseekrabben
Saft von ½ Zitrone
50 g Mayonnaise
100 g saure Sahne
1 EL Tomatenketchup
1 Msp. Cayennepfeffer (das ist der
  „Tango")
Salz
schwarzer Pfeffer aus der Mühle
2 Toastscheiben (Weißbrot)

1. Die Mango schälen, das Fruchtfleisch vom Kern schneiden und klein würfeln. Die Kräuter waschen, trockenschwenken, von den Stielen zupfen und fein hacken.
2. Die Nordseekrabben mit dem Zitronensaft vermengen. Die Mayonnaise mit der sauren Sahne und dem Tomatenketchup verrühren. Mit Cayennepfeffer, Salz und Pfeffer würzen.
3. Die Mangowürfelchen in vier Gläsern verteilen. Mit einem Teil der Kräuter bestreuen, die Krabben darauf verteilen und alles mit der Sauce überziehen. Mit den restlichen Kräutern bestreuen. Die Weißbrotscheiben kräftig toasten und in etwa 1 ½ cm dicke Stäbe schneiden. Jeweils 1–2, oder nach Belieben mehr, in die Gläser stecken.

Tipp: Ein echter Hingucker! Man kann alles gut vorbereiten und die Gläser kurz vor dem Servieren bestücken. Nach Belieben zusätzlich fein geschnittenen Eisbergsalat dazwischen streuen.

Obatzta
mit **Salzstangen**

Zutaten für 4 Portionen
Zubereitungszeit: 20 Minuten

1 kleine Zwiebel
300 g zimmerwarmer, reifer
  Camembert
50 g zimmerwarme Butter
3 EL Sahne
Salz
schwarzer Pfeffer aus der Mühle
edelsüßes Paprikapulver
1 kleine Packung Salzstangen

1. Die Zwiebel schälen und fein würfeln. Den Camembert entrinden, in grobe Stücke schneiden und in einer Schüssel mit einer Gabel zerdrücken. Dabei die Butter sowie die Sahne hinzufügen.
2. Die Zwiebelwürfel unter den Käse mischen. Alles mit Salz und Pfeffer würzen und, mit Folie abgedeckt, für 1 Stunde in den Kühlschrank stellen.
3. Den Käse nochmals durchrühren und in eine Servierschale füllen. Mit Paprikapulver bestäuben und Salzstangen einstecken.

Tipp: Nach Belieben mit Schnittlauchröllchen und/oder mit gebräunten Zwiebelwürfeln garnieren.

Putenfleischsalat
mit Champignons

Zutaten für 4 Portionen
Zubereitungszeit: 30 Minuten

1. Das Putenfleisch in etwa ½ cm² große Würfel schneiden. Etwa ½ l Wasser mit Salz aufkochen und die Fleischwürfel einlegen. Diese bei milder Hitze 8–10 Minuten garen lassen.
2. In der Zwischenzeit die Champignons putzen und je nach Größe halbieren oder vierteln. Die Paprikaschote waschen, halbieren, die Kerne und den Stielansatz entfernen und die Schote in etwa ½ cm² große Würfel schneiden.
3. Die Putenfleischwürfel in ein Sieb gießen, abtropfen und abkühlen lassen. Die saure Sahne mit der Mayonnaise, dem Tomatenketchup, den Kräutern und dem Zitronensaft verrühren. Mit Salz und Pfeffer würzen.
4. Alle vorbereiteten Zutaten locker vermengen und nochmals abschmecken. In kleine Portionsschalen füllen und mit Paprikapulver bestäuben.

Tipp: Sekt- oder Dessertschalen mit je einem schönen Kopfsalat- oder Eisbergsalatblatt auslegen. Den Putenfleischsalat darauf verteilen und mit Rosenpaprika bestäuben. Auf das Brunchbuffet stellen.

250 g Putenschnitzel (in einem Stück)
Salz
150 g frische Champignons
1 gelbe Paprikaschote
150 g saure Sahne
1 EL Mayonnaise
1 EL Tomatenketchup
1 TL 7-Kräuter-Mischung (TK)
1 TL Zitronensaft
schwarzer Pfeffer aus der Mühle
Rosenpaprika für die Garnitur

Gefüllte Tomaten *mit* **Eiersalat**

1. Die Eier in 10 Minuten hart kochen, mit kaltem Wasser abschrecken, pellen und fein hacken. Die Fleischtomaten waschen, quer halbieren und entkernen. Den Schnittlauch waschen, trockenschwenken und in feine Röllchen schneiden.

2. Die Zwiebel schälen und fein würfeln. Die Sardelle kalt waschen, trockentupfen und fein hacken. Die Kapern grob zerschneiden. Die Mayonnaise mit den Kapern und 2 EL Einlegewasser, der Sardelle und der Zwiebel verrühren.

3. Die Erbsen, die gehackten Eier sowie die Hälfte der Schnittlauchröllchen unterziehen. Mit Salz und Pfeffer würzen. Den Eiersalat in die Tomatenhälften füllen und mit den restlichen Schnittlauchröllchen garnieren.

Tipp: Dazu passen Grissini, die mit hauchdünn geschnittenem luftgetrocknetem Schinken, wie beispielsweise Parma, San Daniele oder Serrano, umwickelt sind.

Zutaten für 4 Portionen
Zubereitungszeit: 30 Minuten

4 Eier
4 Fleischtomaten
½ Bund Schnittlauch
1 kleine Zwiebel
1 Sardelle (aus dem Röhrchen)
2 EL Kapern mit etwas Einlegewasser
100 g Mayonnaise
100 g aufgetaute Erbsen (TK)

Birgits *Sauerkraut-Auflauf* mit *Senf-Honigrahm*

Zutaten für 4 Portionen
Zubereitungszeit: 1 Stunde

500 g festkochende Kartoffeln
Salz
1 kleines Bund Petersilie
2 mittlere Zwiebeln
250 g Cabanossi (scharfe Salami-
   würstchen)
1 EL zimmerwarme Butter
⅛ l lauwarme Milch
weißer Pfeffer
2 EL Butterschmalz
1 Dose Weinsauerkraut (850 ml)
Kümmel (nach Geschmack)
1 Prise Zucker
2 EL süßer Senf
2 Eigelb
2 EL Crème fraîche
2 EL Honig
etwas Butterschmalz für die Auflaufform

1. Die Kartoffeln waschen, schälen und in gleich große Stücke schneiden. Mit kaltem Wasser und einer Prise Salz zum Kochen aufsetzen. Die Garzeit beträgt etwa 30 Minuten.
2. In der Zwischenzeit die Petersilie waschen und trockenschwenken, die Blättchen abzupfen und fein hacken. Die Zwiebeln schälen und fein würfeln. Die Cabanossi in Scheibchen schneiden.
3. Die Kartoffeln abgießen und kurz ausdampfen lassen. Zusammen mit der Butter und der Milch daraus ein Püree herstellen. Mit Salz und Pfeffer würzen und etwa 1 EL Petersilie unterrühren.
4. Das Butterschmalz erhitzen und darin die Zwiebelwürfel glasig dünsten. Die Wurstscheiben hinzufügen und kräftig anbraten. Das Sauerkraut einrühren und alles mit Kümmel, Pfeffer, Salz und Zucker würzen. Einige Minuten kochen lassen. Den Backofen auf 200 °C (Umluft 180 °C) vorheizen und eine Auflaufform mit Butterschmalz einfetten.
5. Das Kartoffelpüree auf dem Boden der Auflaufform verteilen und darauf das Sauerkraut geben. Für die Kruste den Senf, die Eigelbe, die Crème fraîche, den Honig und etwas Pfeffer verrühren und auf dem Sauerkraut verteilen.
6. Die Auflaufform in den vorgeheizten Backofen schieben und den Auflauf in 15–20 Minuten goldbraun überbacken. Vor dem Servieren mit der restlichen Petersilie bestreuen.

Birgits Tipp: Ich kann dieses Gericht sehr gut vorbereiten – und kurz bevor der Besuch eintrifft, kommt der Sauerkrautauflauf in den Backofen. Meine Mädels lieben meinen „Ofenhit", und wenn mal unsere Männer dabei sein dürfen, freuen sie sich über etwas Deftiges zum Essen.

Zitronenhähnchen
mit Schalotten

Zutaten für 4 Portionen
Zubereitungszeit: 1 Stunde

1. Den Backofen auf 200 °C (Umluft 180 °C) vorheizen. Das Hähnchen in vier Teile schneiden und unter fließend kaltem Wasser waschen. Anschließend mit Küchenpapier trockentupfen.
2. Die Schalotten und die Knoblauchzehe schälen und in Viertel schneiden. Die Kräuter waschen, trockenschwenken, abzupfen und fein hacken. Zusammen mit dem Zitronensaft, dem Olivenöl und dem Weißwein verrühren.
3. Die Hähnchenteile mit Salz, Pfeffer und Paprika würzen. Zusammen mit den Schalotten sowie dem Kräuteröl in einer Auflaufform vermengen. In den vorgeheizten Backofen schieben und etwa 40 Minuten garen. Während der Garzeit mehrmals wenden. Herausnehmen und am besten in der Auflaufform servieren.

1 küchenfertiges Hähnchen
4 Schalotten
1 Knoblauchzehe
1 Bund frische gemischte Kräuter
Saft von 2 Zitronen
50 ml Olivenöl
50 ml trockener Weißwein
Salz
schwarzer Pfeffer aus der Mühle
edelsüßes Paprikapulver

Tipp: Das Zitronenhähnchen schmeckt auch kalt sehr gut. Anstelle des ganzen Hähnchens kann man auch einfach 8 Hähnchenkeulen verwenden.

Kartoffelsüppchen
mit *Curryhaube*

Zutaten für 4 Portionen
Zubereitungszeit: 40 Minuten

½ Bund Suppengemüse (bestehend
  aus Lauch, Möhren und Sellerie)
500 g mehligkochende Kartoffeln
2 EL Butter
Salz
schwarzer Pfeffer aus der Mühle
1 Hauch Cayennepfeffer
800 ml Gemüsebrühe (Instant)
4 Scheiben Toastbrot
100 g geschlagene Sahne
kräftiges Currypulver

1. Das Suppengemüse waschen, teils schälen und in feine Würfel schneiden. Die Kartoffeln waschen, schälen und in kleine Stücke schneiden.

2. 1 EL Butter in einem Topf erhitzen und darin das Suppengemüse andünsten. Die Kartoffeln hinzufügen und alles mit Salz, Pfeffer und Cayennepfeffer würzen. Mit der Gemüsebrühe aufgießen und aufkochen lassen. Die Kartoffeln bei mittlerer Hitze in etwa 15 Minuten gar kochen.

3. In der Zwischenzeit das Toastbrot in ½ cm große Würfel schneiden. 1 EL Butter erhitzen und darin die Brotwürfel von allen Seiten knusprig braten. Herausnehmen und auf einen Teller legen.

4. Die Suppe mit einem Mixstab pürieren und nochmals abschmecken. In 4 Suppenschalen anrichten und mit geschlagener Sahne belegen. Die Brotwürfel rund um die Sahne streuen und alles mit Currypulver bestäuben.

Tipp: Nach Belieben mit Aceto crema ein paar Fäden über die Currysahne ziehen. Sieht hübsch aus und schmeckt unheimlich gut.

Manchmal werden auch gebräunte Speckwürfel oder Mandelblättchen über die angerichteten Suppen gestreut – je nach Kühlschrank- oder Küchenschrankinhalt.

Oder wenn das „Schnapsschränkchen" noch einen Sherry bietet, ein paar Tropfen auf jede Portion Kartoffelsuppe träufeln und mit „Curry-Sahnehaube" bedecken. So hat es Lady Mary Curzon (1870–1906), Vizekönigin von Indien, die eine Schwäche für Sherry hatte, laut Überlieferung gerne gehandhabt. Curry übertüncht den Geruch von Sherry, aber der Alkohol gibt dem Süppchen eine gute Würzung.

„Kaffeeklatsch"

Aber bitte mit Sahne!

Zum Geburtstag von uns sechs Mädels gibt es immer Kuchen. Zum Brunch auch und bei besonderen Anlässen wie Geburtstag von Kindern und Großeltern auf alle Fälle. Wir sind zwar bei den einzelnen Familienfeiern nicht immer dabei, aber ein Stück Kuchen zum wöchentlichen Treff bekommen wir meistens ab. Es ist also irgendwie immer „Kuchen- und Tortenzeit" – egal wer bäckt oder etwas abbekommt.

Wenn das Backen problemlos und schnell gehen soll, sind der Käsekuchen (Seite 42) oder Marions Versunkener Apfelkuchen (Seite 37) sehr zu empfehlen. Beim Hefeteig wie bei Birgits Pflaumenblechkuchen (Seite 36) braucht es schon wieder ein bisschen mehr „Om", bis sich die Hefe im Teig so richtig aufgeplustert hat. Das Ergebnis lohnt sich allemal, aber der Teig lässt sich eben nicht im „Vorbeigehen" und keinesfalls mit einer gewissen Grundhektik zubereiten.

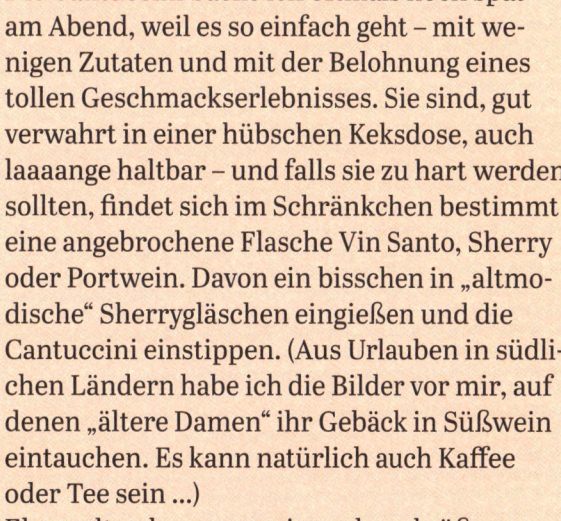

Die Cantuccini backe ich oftmals noch spät am Abend, weil es so einfach geht – mit wenigen Zutaten und mit der Belohnung eines tollen Geschmackserlebnisses. Sie sind, gut verwahrt in einer hübschen Keksdose, auch laaaange haltbar – und falls sie zu hart werden sollten, findet sich im Schränkchen bestimmt eine angebrochene Flasche Vin Santo, Sherry oder Portwein. Davon ein bisschen in „altmodische" Sherrygläschen eingießen und die Cantuccini einstippen. (Aus Urlauben in südlichen Ländern habe ich die Bilder vor mir, auf denen „ältere Damen" ihr Gebäck in Süßwein eintauchen. Es kann natürlich auch Kaffee oder Tee sein ...)

Eher selten besorgen wir auch mal süße Leckerbissen vom Bäcker. Doch jedes Mal, noch an der Kaffeetafel den Kuchen oder die süßen Teilchen essend, sagt irgendwer in der Runde, dass selbst gemachter Kuchen einfach mit nichts anderem vergleichbar sei. Das stimmt natürlich, denn wir wissen einfach genau, was im eigenen Kuchen enthalten ist. Keine Billigmargarine oder künstliche Aromen. Alleine dieses Wissen treibt uns in die Küche, um „unsere Lieben" geschmacks- und zutatenmäßig zu verwöhnen. Und dort in der Küche steht ein nettes Zitat von Anonym: „9 von 10 Menschen lieben Schokolade, der 10. lügt".

Apfelringe *im* Backteig

Zutaten für 4 Portionen
Zubereitungszeit: 40 Minuten

4 mittlere Äpfel (z.B. Boskoop oder
   Elstar)
Saft von 1 Zitrone
2 Eier, getrennt
200 g Mehl
Salz
50 g Zucker
1 EL Pflanzenöl
¼ l trockener Weißwein (oder helles
   Bier)
500 g Butterschmalz zum Ausbacken
gemahlener Zimt und Puderzucker
   zum Bestäuben

1. Die Äpfel waschen, schälen und mit einem Ausstecher das Kerngehäuse herausdrehen. Die ausgehöhlten Äpfel in etwa 1 cm dicke Scheiben schneiden. In eine Schüssel legen und mit Zitronensaft beträufeln.

2. Das Eiweiß zu steifem Schnee schlagen. Das Mehl mit 1 Prise Salz in eine Schüssel sieben. Den Zucker hinzufügen und mit einem elektrischen Handrührgerät nach und nach die Eigelbe, das Pflanzenöl und die Flüssigkeit einrühren. Zuletzt den Eischnee unter den dickflüssigen Teig heben.

3. In einer Pfanne mit hohem Rand das Butterschmalz erhitzen. Die Apfelringe einzeln durch den Backteig ziehen und schwimmend im Fett goldgelb ausbacken, auf jeder Seite etwa 1 Minute.

4. Die gebackenen Apfelringe auf Küchenpapier entfetten und auf einer Servierplatte anrichten. Mit Puderzucker und etwas Zimt bestäuben.

Übrigens: Manchmal geht diese Zubereitungsart für etwas Süßes schneller als einen Kuchen zu backen. Oder ich habe einfach die Lust auf etwas in Fett Gebackenes, das genüsslich süß und fruchtig schmeckt. Ich habe auch schon öfter Bananen- und Birnenstückchen mitgebacken.

Birgits
Pflaumenblechkuchen

Zutaten für 1 Backblech
**Zubereitungszeit: 45 Minuten Ruhe-
zeit + 30 Minuten Backzeit**

100 g zimmerwarme Butter
125 g Zucker
1 Ei
400 g Mehl
150 ml Milch
1 frischer Hefewürfel (42 g)
1 kg Pflaumen
Butter und Semmelbrösel
  (Paniermehl) für das Backblech
Mehl für die Arbeitsfläche

1. Die Butter, den Zucker, das Ei und das Mehl in eine
Rührschüssel geben. Die Milch leicht erwärmen, die Hefe
hineinbröckeln und auflösen.
2. Die Hefe-Milch in die Rührschüssel geben und alles mit
dem Knethaken eines elektrischen Handrührgerätes zu einem glatten Teig verrühren. Die Schüssel mit einem Tuch
abdecken und den Teig etwa 30 Minuten ruhen lassen.
3. Ein Backblech mit Butter einfetten und mit Semmel-
bröseln bestreuen. Die Pflaumen waschen, halbieren und
entkernen.
4. Den Teig nochmals gut durchkneten und auf einer bemehlten Arbeitsfläche in Backblechgröße auswellen. Das
Backblech mit dem Teig auskleiden, dabei auch Ränder hoch-
ziehen. Mit Pflaumen belegen und nochmals für 15 Minuten
ruhen lassen.
5. Den Backofen auf 200 °C (Umluft 180 °C) vorheizen. Das
Backblech in den vorgeheizten Backofen schieben und
den Pflaumenkuchen etwa 30 Minuten backen. Vor dem
Anschneiden auskühlen lassen.

Tipp: 1 EL Zucker mit einer kräftigen Prise gemahlenem
Zimt und 50 g flüssiger Butter verrühren. Damit die
Pflaumen vor dem Backen einpinseln. Oder den fertigen
Pflaumenkuchen mit einer Mischung aus je zur Hälfte
Zucker und Zimt bestreuen.

Marions versunkener
Apfelkuchen

1. Die Äpfel schälen, halbieren, entkernen und in bis zu 1 cm dicke Spalten schneiden. In einer Schüssel mit dem Zitronensaft und 75 g Zucker gut vermischen. Den Backofen auf 180 °C (Umluft 160 °C) vorheizen und eine Springform mit Butter ausfetten.

2. Die Butter mit dem restlichen Zucker und den Eiern schaumig rühren. Nach und nach das Mehl, das Stärkemehl, die Trockenhefe und das Backpulver unterrühren. Den Teig in die gefettete Springform füllen und die Äpfel darauf verteilen, die leicht einsinken.

3. Die Springform auf die mittlere Schiene in den vorgeheizten Backofen schieben und den Apfelkuchen in 45–50 Minuten backen.

Tipp: Für diesen Kuchen können auch andere saisonale Früchte wie Birnen oder Kirschen verwendet werden. Empfehlenswert sind ebenfalls frische Pflaumen. Auch mit Pfirsichen oder Aprikosen aus der Dose schmeckt der Kuchen sehr gut und saftig. Der Kuchen gelingt immer und ist superlecker. Die Gesamtzuckermenge sollte bei Früchten aus der Dose 125 g nicht überschreiten, da der Kuchen sonst zu süß wird. Je nach Geschmack und Fruchtigkeit sollten insgesamt 500–700 g Obst im Kuchen versinken.

Zutaten für 1 Springform von 26 cm Durchmesser
Zubereitungszeit: 30 Minuten + 50 Minuten Backzeit

1 kg Äpfel
Saft von 1 Zitrone
200 g Zucker (davon 125 g für den Teig)
125 g zimmerwarme Butter
4 Eier
150 g Mehl
50 g Stärkemehl
½ Pck. Trockenhefe
1 Pck. Backpulver
Butter für die Form

Joghurtkuchen
mit Joghurtgums

Für 1 Kastenform von etwa 20 cm Länge
Zubereitungszeit: etwa 10 Minuten + 60 Minuten Backzeit

1 Becher Naturjoghurt (150 g)
1 Becher Pflanzenöl
2 Becher Zucker
3 Eier
3 Becher Mehl
1 Pck. Backpulver
Butter und Mehl für die Form

Glasur:
2 EL Puderzucker
Saft von ½ Zitrone
nach Belieben zum Verzieren:
  Joghurtgums (bunte, fettfreie
  Joghurtbonbons)

1. Den Backofen auf 200 °C (Umluft 180 °C) vorheizen. Eine Kastenform mit Butter ausfetten und mit Mehl ausklopfen. Den Joghurt aus dem Becher in eine Schüssel füllen. Einen Becher Pflanzenöl abmessen, dann zwei Becher Zucker und beides in einer Schüssel schaumig rühren.
2. Den Joghurt und die Eier einrühren. Nach und nach das Mehl und das Backpulver unterrühren, so dass ein glatter Rührteig entsteht.
3. Den Teig in die Kastenform füllen, glatt streichen und in den vorgeheizten Backofen schieben. Die Backzeit beträgt 55–60 Minuten. Anschließend den Kuchen herausnehmen, kurz abkühlen lassen und stürzen.
4. Den Puderzucker mit dem Zitronensaft glatt rühren und den Kuchen damit bestreichen. Beliebig mit Joghurtgums verzieren.

Cantuccini

nach Aurelia

1. Den Backofen auf 180 °C (Umluft 160 °C) vorheizen und ein Backblech mit Backpapier auslegen.

2. Den Zucker und die Eier mit einem Handrührgerät etwa 2 Minuten schaumig schlagen. Nach und nach das Mehl unterrühren. Zuletzt die ganzen Mandeln unterheben – am besten mit den Händen einarbeiten.

3. Den leicht klebrigen Teig in der Schüssel in zwei Portionen teilen. Mit bemehlten Händen jede Teigportion in eine längliche, etwa 5 cm breite und so lange Form bringen, dass beide Teigstränge nebeneinander auf das Backblech passen. Möglichst Abstand halten, weil sich die Mandelbrote beim Backen ausdehnen.

4. Das Backblech in den vorgeheizten Backofen schieben und die Mandelbrote etwa 20 Minuten backen, bis sie bernsteinfarben aussehen. Das Backblech aus dem Ofen nehmen und die Mandelbrote etwa 10 Minuten abkühlen lassen. Den Backofen ausschalten.

5. Jedes Mandelbrot auf ein Holzbrett geben und in etwa 1 ½ cm breite Stücke schneiden. Diese mit den Schnittflächen wieder auf das Backblech geben. Zurück in den abkühlenden Backofen schieben und wieder entnehmen, wenn der Backofen vollständig kalt ist.

Tipp: Cantuccini backen ist so einfach, wenn man das richtige Rezept dafür hat. Unsere italienische Freundin hat uns das apulische Rezept von ihrer Mama gegeben – und nun klappt es. Das ganze Backblech reicht für eine nette Mädelsrunde bei Kaffee, Prosecco und einem Gläschen Vin Santo – zum Einstippen der Cantuccini.

Zutaten für 1 Backblech
Zubereitungszeit: 20 Minuten +
20 Minuten Backzeit

200 g Zucker
2 Eier
200 g Mehl
200 g ganze Mandeln
etwas Mehl

Käsekuchen
„Der Bodenlose"

1. Die Eiweiße zu steifem Schnee schlagen. Den Backofen auf 180 °C (Umluft 160 °C) vorheizen und eine Springform mit Butter ausfetten.

2. Die Butter, den Zucker und die Eigelbe cremig rühren. Nacheinander das Puddingpulver, das Backpulver, den Quark, den Zitronensaft und die -schale unterrühren. Zuletzt den Eischnee unterheben.

3. Die Kuchenmasse in die Springform füllen und glatt streichen. Die Springform auf die mittlere Schiene in den vorgeheizten Backofen schieben und in knapp 60 Minuten backen. Sollte der Kuchen auf der Oberfläche zu schnell bräunen, dann in den letzten 20 Backminuten mit Alufolie abdecken.

Tipp: Den Kuchen mindestens 1 Stunde bei Zimmertemperatur abkühlen lassen. Dann für etwa 2 Stunden in den Kühlschrank stellen und erst dann anschneiden.

Zutaten für 1 Springform von 26 cm Durchmesser
Zubereitungszeit: 10 Minuten + 60 Minuten Backzeit

3 Eier, getrennt
250 g zimmerwarme Butter
250 g Zucker
2 Pck. Vanille-Puddingpulver
½ Pck. Backpulver
1 kg Quark (500 g mit 40 Prozent und
   500 g mit 20 Prozent)
Saft und abgeriebene Schale von
   ½ Bio-Zitrone
Butter für die Springform

Amaretti-
Schokokuchen

1. Den Backofen auf 180 °C (Umluft 160 °C) vorheizen und eine Springform mit Backpapier auslegen. Die Eiweiße zu steifem Schnee schlagen. Die Eigelbe mit dem Zucker und 2 EL Wasser schaumig schlagen.

2. Das Mehl mit dem Backpulver sowie dem Kakaopulver versieben und unter die Schaummasse ziehen. Zuletzt den Eischnee unterheben und den Teig in die Springform füllen. Dabei die Oberfläche glatt streichen. Im vorgeheizten Backofen knapp 40 Minuten backen. Anschließend gut abkühlen lassen.

3. Die Marzipanmasse mit den Händen platt drücken und auf Puderzucker zu Kuchengröße auswellen. Den Schokokuchen aus der Springform nehmen, das Backpapier vorsichtig abziehen und den Kuchen auf eine Kuchenplatte geben.

4. Die Aprikosenkonfitüre unter Rühren in einem kleinen Topf leicht erwärmen und den Kuchen damit bestreichen. Die Marzipanplatte auf die Marmelade legen und darauf rundherum die Amaretti setzen. Die Schokoladenglasur nach Packungsaufschrift im Wasserbad oder in der Mikrowelle erhitzen und den Kuchen damit überziehen. Die Amaretti müssen richtig schokoladig überzogen werden.

Übrigens: Wenn es schnell gehen muss, einfach einen fertigen Schokoladen-Biskuitboden kaufen. Die Amaretti schmecken durch die Schokoladenglasur besonders saftig und mandelig lecker.

Zutaten für 1 Springform
Zubereitungszeit: 20 Minuten +
40 Minuten Backzeit

4 Eier, getrennt
150 g Zucker
200 g Mehl
½ Pck. Backpulver
3 TL Kakaopulver
200 g Rohmarzipan
100 g Puderzucker
100 g Aprikosenkonfitüre
100 g Amaretti
150 g Vollmilchglasur

Rotweinkuchen
von **Lauras Oma**

**Für 1 Gugelhupfform
Zubereitungszeit: 10 Minuten +
60 Minuten Backzeit**

5 Eier, getrennt
250 g zimmerwarme Butter
300 g Zucker
300 g Mehl
1 Pck. Backpulver
100 g fein geriebene Blockschokolade
100 g gemahlene Haselnüsse
1 Msp. gemahlene Muskatnuss
1 Msp. gemahlener Zimt
1 Prise Salz
¼ l Rotwein
Butter für die Form
Puderzucker zum Bestäuben

1. Den Backofen auf 180 °C (Umluft 160 °C) vorheizen und eine Gugelhupfform mit Butter ausfetten. Die Eiweiße zu steifem Schnee schlagen. Die Eigelbe mit der Butter und dem Zucker schaumig rühren. Nach und nach das Mehl, das Backpulver, die Blockschokolade, die Haselnüsse, die Muskatnuss, den Zimt, das Salz und den Rotwein unterrühren.
2. Den Eischnee unter den Rührteig heben. Den Teig in die gefettete Backform füllen und glatt streichen. Die Form in den vorgeheizten Backofen schieben und den Kuchen 1 Stunde backen. Herausnehmen, abkühlen lassen, die Ränder mit einem Messer vorsichtig lösen und den Kuchen stürzen. Mit Puderzucker bestäuben.

Crostata di limone
von Schwiegermama

Für 1 Springform von 28 cm
Durchmesser
Zubereitungszeit: 30 Minuten +
Ruhezeit 1 Stunde +
Backzeit 30 Minuten

Mürbeteig
200 g Mehl
100 g kalte Butterstückchen
70 g Zucker
2 Eigelb
abgeriebene Schale von 2 Bio-Zitronen
Salz

Guss:
5 Eier
Saft und abgeriebene Schale von
  2 unbehandelten Zitronen
150 g Zucker
100 g kalte zerlassene Butter

Für die Springform:
Butter und Mehl
5 EL Mandelblättchen
3 EL Puderzucker

1. Auf einer Arbeitsfläche aus dem Mehl, den Butterstückchen, dem Zucker, den Eigelben, der Zitronenschale und einer Prise Salz einen Mürbeteig kneten. Zu einem Kloß formen, in Klarsichtfolie wickeln und für 1 Stunde in den Kühlschrank stellen.
2. Inzwischen eine Springform mit Butter ausfetten und mit Mehl ausklopfen. Für den Guss die Eier mit der abgeriebenen Schale von 2 Zitronen, dem Saft von ½ Zitrone und dem Zucker verrühren. Den Backofen auf 200 °C (Umluft 180 °C) vorheizen.
3. Langsam die kalte zerlassene Butter unterrühren. Zuletzt den Saft von 1 ½ Zitronen unterziehen. Den Mürbeteig auf einer bemehlten Arbeitsfläche auswellen und die Springform bis zum Rand hoch damit auskleiden.
4. Den Mürbeteigboden mit Mandelblättchen belegen und diese andrücken. Den Guss nochmals durchrühren, vorsichtig löffelweise in die Form geben.
5. Die Oberfläche dick mit 2 EL Puderzucker bestäuben und den Kuchen etwa 30 Minuten backen. Herausnehmen, abkühlen lassen und mit Puderzucker bestäuben.

Kalter Hund

von Marion

1. Das Kokosfett im Topf bei mäßiger Hitze schmelzen lassen. Den Puderzucker fein sieben.

2. Die Eier mit dem kaltem Kokosfett und dem Kakaopulver verrühren. Nach und nach den Kaffee und den Puderzucker unterrühren.

3. Eine Kastenform mit Backpapier auslegen und den Boden der Form mit Keksen bedecken. Darauf die Creme geben und abwechselnd mit Keksen einschichten. Mit Keksen abschließen und die Oberfläche mit Backpapier abdecken.

4. Den Kuchen für mindestens 2 Stunden in den Kühlschrank zum „Härten" stellen. Anschließend den „Kalten Hund" stürzen.

Übrigens: Diesen Kuchen macht Marion gerne für ihren Mann Thomas. Ab und an bekommen wir auch „Thomas' Kuchen".

Beim „Kalten Hund" fließt die Creme auch an die Außenseiten. Grundsätzlich ist es nicht nötig, den Kuchen zum Servieren mit Schokoglasur zu überziehen. Es kann aber auch hübsch aussehen, wenn der gestürzte Keks-Kuchen mit weißer Kuvertüre überzogen und vielleicht mit bunten Smarties dekoriert wird.

Zutaten für 1 Kastenform (von etwa 20 cm Länge)
Zubereitungszeit: 30 Minuten + mindestens 2 Stunden Kühlzeit

1 Tafel Palmin-Kokosfett (250 g)
100 g Puderzucker
2 Eier
50 g Kakaopulver (echter Kakao)
2 TL gefriergetrockneter
  Instant-Kaffee
150 g Butterkekse (Leibniz)

Muffins mit *Mango*

Zutaten für 12 Stück
Zubereitungszeit: 15 Minuten +
25 Minuten Backzeit

1 große, saftige Mango
2 Eier, getrennt
100 g Zucker
250 g Vollmilchjoghurt
1 EL Aprikosenkonfitüre
150 g Frischkäse
250 g Mehl
1 Pck. Backpulver

Außerdem:
1 Muffinblech
12 Papierförmchen
50 g Mandelblättchen
Puderzucker zum Bestäuben

1. Den Backofen auf 200 °C (Umluft 180 °C) vorheizen und ein Muffinblech mit Papierförmchen auslegen. Die Mango schälen, das Fruchtfleisch vom Kern schneiden und klein würfeln.
2. Die Eiweiße zu steifem Schnee schlagen. Die Eigelbe mit dem Zucker, dem Vollmilchjoghurt, der Aprikosenkonfitüre und dem Frischkäse cremig rühren. Das Mehl mit dem Backpulver versieben und unter die Eigelbmischung rühren. Zuletzt die Mangowürfelchen und den Eischnee unterziehen.
3. Den Teig in die Papierförmchen verteilen. Die Mandelblättchen auf den Muffins verteilen. Das Backblech in den vorgeheizten Backofen schieben und die Muffins etwa 25 Minuten backen. Herausnehmen und im Blech abkühlen lassen. Dick mit Puderzucker bestäuben.

Tipp: Anstelle einer Mango kann man auch Pfirsiche oder Aprikosen verwenden.

Wenn wir mal wieder Diät machen ...

Kampf dem Hüftgold!

Man nehme sechs Frauen, setze sie an einen Tisch und kann darauf wetten, dass im Laufe des Zusammenseins irgendwann das Stichwort „Diät" fällt. Ob nun eine von den Mädels damit kokettiert, so à la „fishing for compliments", und im Prinzip nur „Ach, du hast es doch gar nicht nötig" hören möchte oder wirklich ein paar tröstende Worte braucht, um „den inneren Schweinehund zu überlisten" und diesem zu signalisieren: „Warte nur, ich kann abnehmen, wenn ich will".

In der Gemeinschaft lässt sich mit dem starken und vertrauten „Wir-Gefühl" alles besser umzusetzen. Man/frau braucht die Unterstützung der anderen, um auch „in die Puschen zu kommen", um endlich mit der Aufmunterung der Freundinnen anzufangen und sich auf den Beifall zu freuen, wenn sich der Erfolg einstellt.

Natürlich nehmen wir alle „hoch emotional" an den Diäten der anderen teil. Wir demonstrieren schon im Vorfeld des wöchentlichen Treffs Solidarität durch einen Anruf, was denn genehm wäre zu kochen bzw. vorzubereiten. Es wäre schlichtweg gemein – mit dem Wissen, dass eine von uns Diät hält – fett- und kalorienhaltig zu kochen. Da sind alle Mädels solidarisch mit dem Ausspruch „Uns kann es ja auch nicht schaden, mal kürzer zu treten" und knabbern dabei wie Häsinnen an den Möhrchen ... Folglich wird in den immer wiederkehrenden Diätphasen in all unseren wechselnden Haushalten schlanker gekocht. Wir widmen uns dann zudem der persönlichen Anteilnahme, wie es denn auf der Waage aussieht, wie der wöchentliche Diätkurs läuft, welche Nahrungsmittel erlaubt sind – und welche Lebensmittel ganz „böse" sind. Komischerweise schwelgen wir besonders an solchen Abenden gedanklich in Torten und anderen Leckerbissen, die uns geschmacklich auf der Zunge liegen, die wir aber nicht essen dürfen.

Birgits *Puten-Salat* *mit* Granatapfel

Zutaten für 4 Portionen
Zubereitungszeit: 30 Minuten

200 g Feldsalat
100 g Kirschtomaten
25 g Pinienkerne
1 Granatapfel
400 g Putenschnitzel
2 EL Pflanzenöl

Dressing:
1 EL Honig (oder Preiselbeeren)
1 EL Dijon-Senf
6 EL Aceto balsamico (oder
   Balsamessig)
6 EL Olivenöl
Salz
schwarzer Pfeffer aus der Mühle

1. Den Feldsalat verlesen, waschen und abtropfen lassen. Die Kirschtomaten waschen und je nach Größe halbieren oder vierteln. Die Pinienkerne in einer beschichteten heißen Pfanne ohne Fett 1–2 Minuten rösten. Herausnehmen und auf einen Teller legen.

2. Den Granatapfel durchbrechen oder -schneiden und die Kerne herauslösen. Für das Dressing den Honig, den Senf, den Essig und das Olivenöl verrühren. Mit Salz und Pfeffer würzen.

3. Die Putenschnitzel in dünne Streifen schneiden und mit Salz und Pfeffer würzen. Das Pflanzenöl in einer Pfanne erhitzen und darin die Fleischstreifen von allen Seiten 3–4 Minuten kräftig braten.

4. Die vorbereiteten Salatzutaten mit dem Dressing locker vermengen und breitflächig auf vier Teller verteilen. Die gebratenen Putenstreifen darauf anrichten und alles mit Pinienkernen bestreuen.

Tipp: Birgits Salat schmeckt immer: frisch, fruchtig, kernig, leicht säuerlich, nussig, fleischig – alle Geschmäcker sind zufrieden.

Multivitamin-Salat
mit Cocktailgarnelen

Zutaten für 4 Portionen
Zubereitungszeit: 20 Minuten

200 g Sojabohnenkeimlinge
1 saftige Mango
1 gelbe Paprikaschote
1 mittlerer Eisbergsalat
½ Knoblauchzehe
150 g Naturjoghurt (Magerstufe)
Saft von 1 Mandarine
1 Msp. gemahlener Kardamom
1 Msp. gemahlener Kreuzkümmel
Salz
schwarzer Pfeffer aus der Mühle
12 geschälte Cocktailgarnelen
1 Kästchen Kresse

1. Die Sojabohnenkeimlinge waschen und abtropfen lassen. Die Mango schälen und das Fruchtfleisch vom Kern schneiden und würfeln. Die Paprikaschote waschen, vierteln, entkernen und die Viertel quer in etwa 1 cm breite Stücke schneiden.

2. Den Eisbergsalat waschen und in kleine Stücke zupfen. Die Knoblauchzehe schälen und durch die Knoblauchpresse zum Naturjoghurt drücken. Zusammen mit dem Mandarinensaft cremig rühren. Mit Kardamom, Kreuzkümmel, Salz und Pfeffer würzen.

3. Alle Salatzutaten auf großen Tellern hübsch anrichten und löffelweise mit dem Dressing überziehen. Obenauf je 3 Cocktailgarnelen drapieren. Die Kresse aus dem Kästchen schneiden, waschen, trockenschwenken und die Salatteller damit garnieren.

Antipasti
mit **Pesto-Kruste**

1. Die Gemüse waschen und trockentupfen. Die Zucchini längs halbieren, die Enden entfernen und die Hälften quer in Scheibchen schneiden. Die Paprikaschoten vierteln, entkernen und die Hälften quer in drei Stücke schneiden. Den Backofen auf 200 °C (Umluft 180 °C) vorheizen.

2. Die Cocktailtomaten waschen und halbieren. Die Fenchelknollen vierteln, entstrunken und in Streifen schneiden. Die Champignons putzen und je nach Größe halbieren oder vierteln. Alle Zutaten in einer entsprechend großen Auflaufform vermischen.

3. Mit Gemüsebrühe sowie mit Olivenöl beträufeln und mit Salz und Pfeffer würzen. Die Auflaufform in den vorgeheizten Backofen schieben und das Gemüse in etwa 20 Minuten garen.

4. Das Pesto mit dem Joghurt verrühren und auf dem Gemüse verteilen. Mit dem Käse bestreuen und bei Grillstufe etwa 5 Minuten überbacken. In der Form servieren und alles mit frisch gehacktem Oregano bestreuen.

Tipp: Ich bereite dazu gerne Rucola-Salat mit einem leichten Essig-Öl-Dressing vor – und lege Grissini an die Tellerränder.

Zutaten für 4 Portionen
Zubereitungszeit: 40 Minuten

2 Zucchini (etwa 500 g)
je 1 gelbe, 1 grüne und 1 rote
  Paprikaschote
150 g Cocktailtomaten
2 Fenchelknollen
150 g Champignons
100 ml Gemüsebrühe (Instant)
1 TL Olivenöl
Salz
schwarzer Pfeffer aus der Mühle
2 EL fertiges Pesto (Glas, rot oder
  grün)
150 g Naturjoghurt
50 g geriebenen Käse (Gouda oder
  Mozzarella)
1 EL frisch gehackter Oregano

Curry-Ananassalat *mit* Orangendressing

Zutaten für 4 Portionen
Zubereitungszeit: 20 Minuten

1 Chicorée
1 frische saftige Ananas
1 kleine Zwiebel
2 Kopfsalatherzen
200 g Hüttenkäse Fitline
   (1 Becher)
Saft von 1 Orange
Salz
schwarzer Pfeffer aus der Mühle
¼ TL Currypulver
1 Prise Cayennepfeffer

1. Den Chicorée waschen, längs halbieren, den Strunk entfernen und die Blätter quer in Streifen schneiden. Die Ananas schälen, vierteln, entstrunken und das Fruchtfleisch in kleine Ecken schneiden.

2. Die Zwiebel schälen und in Streifen schneiden. Die Kopfsalatherzen entblättern, waschen und trockenschwenken. Die Salatblätter auf 4 Tellern jeweils kreisförmig anrichten.

3. Den Hüttenkäse mit dem Orangensaft verrühren und mit Salz, Pfeffer, Currypulver sowie Cayennepfeffer würzen. Diese Sauce mit Chicorée, Ananas und Zwiebeln locker vermengen und auf den Kopfsalatblättern hübsch anrichten.

Diätalarm: Auch wenn bei uns nicht alle Damen am Tisch Diät halten müssen, so ist es doch eine Art „Konkurrenzkampf", auch nicht mehr zu essen als die anderen. Es wird als „persönliche Solidarität" gegenüber den Diät haltenden „Mädels" verkauft. Und Ananas – als der Fettkiller Nr. 1 bekannt – schmilzt ja bekanntlich das Fett im Nu weg ...

Guacamole
mit Rohkost-Sticks

Zutaten für 4 Portionen
Zubereitungszeit: 30 Minuten

500 g kleine Möhren
2 Stangen Staudensellerie
2 Salatgurken
2 reife Avocados
Saft von ½ Zitrone
200 g saure Sahne
Salz
schwarzer Pfeffer aus der Mühle
1 Msp. getrocknete Chili
1 TL frisch gehacktes Koriandergrün
  (ersatzweise Petersilie)

1. Die Möhren waschen, schälen und je nach Größe ganz lassen oder in Sticks teilen. Den Staudensellerie waschen. Die Salatgurken schälen, längs halbieren und aus den Hälften die Kerne entfernen. Den Sellerie und die Gurken passend zu den Möhren in „handliche Sticks" schneiden.
2. Die Avocados schälen, halbieren und die Kerne entfernen. Das Fruchtfleisch kleiner schneiden und zusammen mit dem Zitronensaft sowie der sauren Sahne mit einem Mixstab pürieren. Mit Salz, Pfeffer und Chili würzen.
3. Das Avocadomus in 4 Dipschalen verteilen und mit Koriandergrün bestreuen. Die Gemüse-Sticks auf einer Servierplatte anrichten.

Tipp: Wir Mädels werden ja auch nicht jünger und unterhalten uns oft genug darüber, wie Küchenkosmetik wirkt, denn, wie meine Freundin Birgit sagt: „Im Alter muss man sich zwischen Fett und Falten entscheiden." Also gibt es bei uns Avocados, die der Haut von innen gute Öle geben.

„Buddha"
bei die Fische

1. Die Sojabohnenkeimlinge waschen und abtropfen lassen. Den Chinakohl entblättern, waschen und in schmale Streifen schneiden. Den Brokkoli putzen, in Röschen teilen, waschen und abtropfen lassen. Die Champignons putzen und je nach Größe halbieren oder vierteln.
2. Den Koriander waschen, trockenschwenken, die Blättchen abzupfen und hacken. Das Fischfilet unter fließend kaltem Wasser waschen, mit Küchenpapier trockentupfen und in ½ cm breite Streifen schneiden. Mit Sojasauce beträufeln und mit Pfeffer würzen.
3. Die Gemüsebrühe aufkochen und nacheinander die Gemüse einlegen. Die Hitze verringern und das Gemüse etwa 5 Minuten leise ziehen lassen. Erst dann die Fischstreifen einlegen und diese in 3–4 Minuten garen. Nochmals abschmecken.

Tipp: Wenn mal wieder alle „Mädels" jammern, dass sie „abspecken" müssten, hilft nur diese Suppe. Viel Gemüse – das ist Buddha – und schlanker Fisch zusammen gegart. Zur Vorspeise gibt es nichts und zum Dessert viel Ananas, Weintrauben, Äpfel und saisonales Obst.

Zutaten für 4 Portionen
Zubereitungszeit: 30 Minuten

150 g Sojabohnenkeimlinge
250 g Chinakohl
250 g Brokkoli
250 g Champignons
1 kleines Bund Koriander (oder
    glatte Petersilie)
250 g aufgetautes Fischfilet
    (TK-Kabeljau oder Seelachs)
1 EL helle Sojasauce
schwarzer Pfeffer aus der Mühle
1 l Gemüsebrühe (Instant)

Risotto *mit* grünem Spargelmus

Zutaten für 4 Portionen
Zubereitungszeit: 40 Minuten

500 g grüner Spargel
Salz
Saft von ½ Zitrone
2 EL Olivenöl
300 g Risotto-Reis (z.B. Arborio oder
 Vialone nano)
schwarzer Pfeffer aus der Mühle

1. Die Spargelstangen waschen und dabei die Spargelspitzen abschneiden. Die Stangen schräg in etwa 2 cm lange Stücke schneiden und dabei eventuell holzige Enden abschneiden.

2. In einem Topf etwa 2 l Wasser aufkochen und dieses mit Salz und Zitronensaft würzen. 1 EL Olivenöl zugießen und die Spargelspitzen einlegen. Diese etwa 1 Minute kochen lassen, mit einem Schaumlöffel herausnehmen und mit kaltem Wasser abschrecken; abtropfen lassen.

3. Die Spargelstücke in das Kochwasser geben und diese in etwa 15 Minuten bei mittlerer Hitze weich garen. Anschließend die Spargelstücke abgießen und dabei die Spargelbrühe auffangen. Die Spargelstücke mit einem Stabmixer pürieren und beiseite stellen.

4. 1 EL Olivenöl erhitzen und den Risottoreis unter Rühren 1–2 Minuten andünsten. Nach und nach mit insgesamt 1 l Spargelsud ablöschen und immer wieder so lange rühren, bis die Flüssigkeit fast verdampft ist.

5. Nach etwa 20 Minuten ist das Reisgericht fertig. Das grüne Spargelpüree unterrühren und alles mit Salz und Pfeffer würzen. Zuletzt die Spargelspitzen unterheben.

Beilage: Frisch geschnittene Orangenfilets und Kopfsalat mit einer leichten Vinaigrette dazu servieren.

Variante: Die grünen Spargelstücke nicht pürieren, sondern einfach unter das fertige Risotto mischen.

Caesars Salat
mit **Tomaten**

Zutaten für 4 Portionen
Zubereitungszeit: 25 Minuten

4 Scheiben Toastbrot
1 TL Olivenöl
1 großer Romanasalat
250 g aromatische Tomaten
½ TL mittelscharfer Senf
1 Eigelb
50 ml Pflanzenöl
2 EL Weißweinessig
Salz
schwarzer Pfeffer aus der Mühle
100 g geriebener Parmesan

1. Die Brotscheiben in etwa ½ cm² kleine Würfel schneiden und in Olivenöl von allen Seiten 1–2 Minuten rösten. Die Pfanne beiseite ziehen. Den Romanasalat putzen, quer in Streifen schneiden, waschen und gründlich abtropfen lassen.

2. Die Tomaten waschen, vierteln, entkernen und in kleine Stücke schneiden. Mit einem elektrischen Handrührgerät Senf und Eigelb verrühren und langsam das Pflanzenöl eingießen, so dass eine cremige Sauce entsteht. Mit Weißweinessig und eventuell 1–2 EL Wasser verrühren und mit Salz und Pfeffer würzen.

3. Die Tomatenstücke und die Romanastreifen locker vermengen und die Salatsauce sowie den Parmesan untermischen. Den Salat auf Teller verteilen und die Croûtons darüberstreuen.

Übrigens: Manchmal erzähle ich in meiner Eigenschaft als Foodjournalistin meinen Mädels gerne die Entstehungsgeschichten von Gerichten. Caesar Salad ist wie so manch anderer Klassiker ein typisches Restegericht. Der in Amerika beheimatete Italiener Cesare Cardini hatte im mexikanischen Tijuana ein Restaurant namens Caesar's Place. An einem Tag war man dem unerwarteten Ansturm von Gästen nicht gewappnet, so dass Cesare beschloss, einfach aus dem noch reichlich vorhandenem Salat etwas Neues unter dem Namen Caesar Salad zu kreieren. Den Gästen hat es so gut geschmeckt, dass diese Salatkreation in den USA mittlerweile ein Klassiker ist.

Taco-
Taco-*Salat*

Zutaten für 4–5 Portionen
Zubereitungszeit: 30 Minuten

1 mittlere Zwiebel
1 Knoblauchzehe
250 g Gemüsemais (Dose)
250 g Tomaten
250 g gekochte Kidneybohnen (Dose)
½ Bund Petersilie
1 kleiner Eisbergsalat
1 Packung Tortillachips
3 EL Olivenöl
250 g gekochter brauner Reis
1 TL mildes Chilipulver
1 TL getrockneter Oregano
¼ TL Salz
150 g Gouda am Stück (oder
   Cheddar-Käse)
1 Glas grüne oder rote Salsa
   (etwa 100 g)
2 Limetten (oder Zitronen)

1. Die Zwiebel sowie die Knoblauchzehe schälen und fein hacken. Den Gemüsemais in einem Sieb abtropfen lassen. Die Tomaten waschen, die Stielansätze entfernen und die Tomaten klein würfeln. Die Kidneybohnen in einem Sieb waschen und abtropfen lassen.
2. Die Petersilie waschen, trockenschwenken, abzupfen und fein hacken. Den Eisbergsalat waschen, trockenschwenken und die Blätter in dünne Streifen schneiden. Die halbe Packung Tortillachips auf einem Teller grob zerbröseln oder in kleinere Stücke brechen. Den Rest Tortillachips zum Knabbern auf den Esstisch stellen.
3. Das Olivenöl in einer Pfanne erhitzen und darin die Zwiebel- und Knoblauchwürfel andünsten. Den Gemüsemais und die Würfel von 1 Tomate hinzufügen. Einige Male schwenken und dann den Reis, die Kidneybohnen, das Chilipulver, die Hälfte des Oreganos sowie das Salz unterrühren. Etwa 5 Minuten braten und dann die Pfanne beiseite ziehen.
4. Den Käse in Streifen schneiden. Die Petersilie, die Salsa und den restlichen Oregano in eine Schüssel geben. Mit den Salatstreifen, den restlichen Tomaten, der Hälfte des Käses sowie dem abgekühlten Pfanneninhalt locker vermischen. Nochmals abschmecken und auf 4 Teller breitflächig verteilen. Mit dem restlichen Käse und den Tortillachips bestreuen. Die Limetten in Viertel schneiden und zum Darüberträufeln servieren.

Tipp: Braunen Reis (ungeschälten Reis) am Vortag kochen. Dazu braunen Reis im Verhältnis 1:2 mit kaltem Wasser zum Kochen aufsetzen.

Nudelnester *mit* **Pute** *und* **Gemüse**

1. Die Glasnudeln in eine Schüssel legen und mit kaltem Wasser begießen. Die Mu-Err-Pilze mit heißem Wasser begießen und 10 Minuten quellen lassen.

2. In der Zwischenzeit die Frühlingszwiebeln putzen und fein würfeln. Das Putenfleisch in dünne Streifen schneiden. 1 EL Pflanzenöl in einer Pfanne erhitzen und die Fleischstreifen darin von allen Seiten scharf anbraten. Herausnehmen, auf einen Teller legen und mit Salz und Pfeffer würzen.

3. Die Pilze fest ausdrücken und in Streifen schneiden. 1 EL Pflanzenöl in den Bratensatz gießen und darin die Frühlingszwiebeln sowie die Pilze andünsten. Die Gemüsemischung beigeben und alles einige Minuten dünsten.

4. Parallel dazu die Glasnudeln für 2 Minuten in siedend heißes Wasser geben. In einem Sieb abgießen und abtropfen lassen. Das Gemüse mit dem Sherry oder Reiswein ablöschen und mit Salz, Pfeffer und Sojasauce würzen.

5. Die Glasnudeln mit einer Gabel aus dem Sieb aufdrehen und zu Nestern auf vorgewärmten Tellern anrichten. Die Fleischstreifen mit dem entstandenen Bratensaft unter das Gemüse mischen, nochmals abschmecken und in den Nudel-Nestern anrichten. Mit frisch gehackter Petersilie bestreuen.

Übrigens: Glasnudeln geben uns Mädels immer das Gefühl, sie hätten weniger Kalorien – wahrscheinlich aufgrund des Namens.

Zutaten für 4 Portionen
Zubereitungszeit: 30 Minuten

1 Packung Glasnudeln (250 g)
4 getrocknete Mu-Err-Pilze
4 Frühlingszwiebeln
400 g Putenschnitzel
2 EL Pflanzenöl
Salz
schwarzer Pfeffer aus der Mühle
400 g Gemüsemischung (TK-Erbsen und Möhren)
1 EL Sherry (oder Reiswein)
2 EL helle Sojasauce
2 EL frisch gehackte Petersilie zum Garnieren

Partyfood – klar bringe ich was zum Essen mit!

„Füll doch mal die Suppe in die Thermokanne!"

Gabi geht mit mir in ihre Küche und öffnet die große, tiefe Schublade. „Wow, hier kann ich mir die geeignete Plastikdose zum Transportieren aussuchen", sage ich mit Bewunderung vor so vielen Schüsseln, Schüsselchen, Deckeln, Deckelchen, kombinierten und stapelbaren Behältern, die alle eines gemeinsam haben: Lebensmittel, ob roh oder zubereitet, luftdicht zu verschließen und, wenn nicht gestapelt im Kühlschrank verstaut, wunderbar zu allen Treffen außer Haus zu transportieren.

Ich begutachte einige verschließbare Dosen, die für meine kalte Erbsensuppe (Seite 80) für den Transport zu einem „Partyort" in Frage kommen, nach Größe und Handlichkeit. „Und wie soll ich meine Blätterteigstangen transportieren?", schaue ich fragend zu meinen anderen Mädels. Wie gut, dass es sogar Kastenkuchenformen mit verschließbarem Plastikdeckel plus hübschen Tragegriff gibt. Es gibt einfach alle Transportmöglichkeiten für gekochtes Essen, das zu einer Party muss,

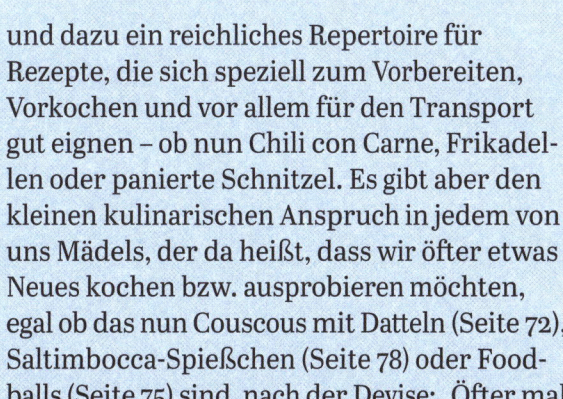

und dazu ein reichliches Repertoire für Rezepte, die sich speziell zum Vorbereiten, Vorkochen und vor allem für den Transport gut eignen – ob nun Chili con Carne, Frikadellen oder panierte Schnitzel. Es gibt aber den kleinen kulinarischen Anspruch in jedem von uns Mädels, der da heißt, dass wir öfter etwas Neues kochen bzw. ausprobieren möchten, egal ob das nun Couscous mit Datteln (Seite 72), Saltimbocca-Spießchen (Seite 78) oder Foodballs (Seite 75) sind, nach der Devise: „Öfter mal etwas Neues auftischen".

Zudem findet eine Party oder eine Feier, zu der „essbare Spenden" mitgebracht werden, meistens in der Wohnung oder in einem Haus statt, wo eine Küche vorhanden ist. Ich kann also die Lasagne (Seite 81) am Vortag vorbereiten, in den Kühlschrank stellen und am Partyort in den vorgeheizten Backofen zum Erwärmen schieben. Oder einen bunt gemischten Salat in einer gut verschließbaren Schüssel und separat dazu das Dressing in einem Becher mit Deckel (Schüttelbecher) mitbringen.

Kullerpfirsich
mit Prosecco

Zutaten für 4 Portionen
Zubereitungszeit: 5 Minuten

4 reife, saftige Pfirsiche
   (gerne Bio)
1 Flasche gekühlter Prosecco (0,75 l)

Die Pfirsiche heiß waschen und mit Küchenpapier trockenreiben. Jeden Pfirsich mit einer Gabel oder einem spitzen Messer rundherum einstechen bzw. piesken. Je einen Pfirsich in ein breites (Whisky-)Glas geben. Vorsichtig mit Prosecco be- und aufgießen.

Tipp: Je mehr Piekser die Pfirsiche bekommen, desto besser können sie „in Prosecco-Laune kullern". Ich serviere sie mit Gäbelchen, mit denen die Pfirsiche angestochen werden, damit man auch zwischendurch abbeißen kann. Zwischendurch immer wieder gut gekühlten Prosecco nachgießen.

Blätterteigstangen
mit **Käse-Zwiebeln**

Zutaten für 4 Portionen
Zubereitungszeit: 30 Minuten

Foto siehe S. 8

1 frische Blätterteigplatte (275 g)
1 Eigelb
100 g frisch geriebener Käse
  (Emmentaler)
50 g Röstzwiebeln (Fertigprodukt)

1. Den Backofen auf 200 °C (Umluft 180 °C) vorheizen. Die Blätterteigplatte auf dem beigefügten Backpapier ausrollen.
2. Das Eigelb mit 1 EL kaltem Wasser verquirlen und die Ränder des Blätterteigs damit bepinseln. Eine Hälfte des Teigs mit Käse und Zwiebeln bestreuen, die andere Teighälfte darüberklappen und die Ränder dabei fest andrücken.
3. Die gefüllte Teigplatte in 12 Streifen schneiden. Jeden Streifen am Anfang und Ende mit den Händen entgegengesetzt drehen, so dass gedrehte Stangen entstehen.
4. Die Teigstangen mit dem Backpapier auf ein Backblech befördern und im vorgeheizten Backofen in 15–20 Minuten knusprig backen.

Tipp: Diese blättrigen Teigstangen sind ideale Knusperbegleiter zum Kullerpfirsich.
Die Füllungen können ganz verschieden sein, ob nun mit frischen Kräutern und geriebenem Mozzarella, Tomatenwürfelchen und Knoblauch, Spinat oder Frühlingszwiebeln.

Hackbällchen
mit **Mozzarelline**

1. Die Zwiebel und die Knoblauchzehen schälen und fein würfeln. Zusammen mit dem Rinderhackfleisch, dem Senf sowie dem Ei vermischen und gut kneten. Mit Salz, Pfeffer und den italienischen Kräutern würzen. Die Mozzarelline abtropfen lassen.

2. Aus dem Fleischteig etwa 16 Klöpschen formen. Dazu jede Fleischteigportion zu einer Kugel formen, diese auf einer Handfläche platt drücken, eine kleine Mozzarellakugel darauflegen, diese mit Fleischteig umhüllen und zu einem Bällchen formen.

3. Das Pflanzenöl in einer größeren Pfanne erhitzen und darin die Hackbällchen von allen Seiten in etwa 10 Minuten goldbraun und knusprig braten. Herausnehmen, auf Küchenpapier entfetten und abkühlen lassen.

Tipp: Je nach „Größe der Party" das Rezept anpassen. Zusätzlich frisches Basilikum in den Fleischteig kneten. Anstatt Mozzarelline können die Bällchen auch mit fertigem rotem oder grünem Pesto gefüllt werden.

Zutaten für 4 Portionen
Zubereitungszeit: 30 Minuten

1 Zwiebel
2 Knoblauchzehen
800 g Rinderhackfleisch
1 TL mittelscharfer Senf
1 Ei
Salz
schwarzer Pfeffer aus der Mühle
1 TL getrocknete italienische Kräuter
250 g Mozzarelline (kleine
   Mozzarella-Kugeln)
8 EL Pflanzenöl

Couscous
mit **Datteln**

Zutaten für 4 Portionen
Zubereitungszeit: 35 Minuten

250 g Couscous/Bulgur
  (siehe Tipp)
Salz
1 TL weiche Butter
1 kleines Bund Petersilie
250 g Tomaten
1 Salatgurke
2 Frühlingszwiebeln
Saft von 1 Zitrone
5 EL Olivenöl
schwarzer Pfeffer aus der Mühle
100 g Datteln

1. Den Couscous in eine Schüssel rieseln lassen und mit knapp ¼ l kochendem Salzwasser begießen. Etwa 6–7 Minuten ziehen lassen und dann die Butter unterrühren.

2. Die Petersilie waschen, trockenschwenken, die Blättchen abzupfen und fein hacken. Die Tomaten waschen, vierteln, entkernen und in Stücke schneiden. Die Gurke schälen und der Länge nach halbieren, dann die Kerne mit einem Löffel herauskratzen und das Gurkenfruchtfleisch quer in Streifen schneiden. Die Frühlingszwiebeln putzen und klein würfeln.

3. Den Zitronensaft mit dem Olivenöl verrühren und mit dem Couscous sowie den vorbereiteten Salatzutaten in einer Schüssel locker vermengen. Mit Salz und Pfeffer würzen.

4. Die Datteln entkernen, in kleine Stücke schneiden und unter den Couscous-Salat mischen. In eine Schüssel füllen, verschließen und bis zum Mitnehmen in den Kühlschrank stellen.

Tipp: Auf den Verpackungen steht oftmals Couscous, aber auch Bulgur – oder beides zusammen. Also nicht verunsichern lassen, denn im Prinzip ist das Gleiche gemeint. Wichtig ist, dass auf der Verpackung steht, dass das „behandelte Getreide" mit kochend heißem Wasser zum Quellen begossen wird – und somit fertig für die Weiterverarbeitung ist.

Grüne „*Foodballs*" in *Curryjoghurt*

1. Den Spinat putzen, waschen und abtropfen lassen. In einem Topf genügend Wasser mit einer Prise Salz aufkochen und die Spinatblätter einstreuen. Aufkochen lassen und den Topfinhalt in ein Sieb gießen. Den Spinat mit kaltem Wasser abschrecken (wegen der Farberhaltung) und gut abtropfen lassen.

2. Die Haselnussblättchen in einer heißen beschichteten Pfanne ohne Fett in 2–3 Minuten von allen Seiten rösten, bis sie duften. Den Pfanneninhalt auf einen Teller geben.

3. Die Zwiebel und die Knoblauchzehen schälen, fein würfeln und mit dem Naturjoghurt verrühren. Mit dem Currypulver, dem Cayennepfeffer sowie Salz und Pfeffer würzen. Den abgetropften Spinat in 12 Portionen aufteilen und aus jeder Portion Spinat einen Ball formen. Dabei das Wasser fest ausdrücken.

4. Die Spinatbälle in eine Schüssel geben und mit dem Curryjoghurt überziehen. Erst direkt vor dem Servieren mit den Haselnussblättchen bestreuen.

Zutaten für 4 Portionen
Zubereitungszeit: 30 Minuten

1 kg frischer Spinat
Salz
100 g Haselnussblättchen
1 kleine Zwiebel
2 Knoblauchzehen
500 g Naturjoghurt
1 TL kräftiges Currypulver
1 kräftige Prise Cayennepfeffer
schwarzer Pfeffer aus der Mühle

Rheinischer **Kartoffelsalat**
von Gaby

1. Die Kartoffeln waschen und in Salzwasser je nach Größe 30–40 Minuten garen. Die Eier in etwa 10 Minuten hart kochen, mit kaltem Wasser abschrecken, pellen und klein hacken. Die Zwiebeln schälen und fein würfeln. Die Gewürzgurken in kleine Würfel schneiden.
2. Die Kartoffeln abgießen, ausdampfen lassen, pellen und in gleichmäßige Scheibchen schneiden. Etwa ½ l Wasser aufkochen und darin die Brühwürfel auflösen, kurz aufkochen und handwarm abkühlen lassen.
3. Alle Zutaten locker miteinander vermischen. Mit Salz und Pfeffer würzen. Die Schüssel mit Folie abdecken und den Kartoffelsalat mindestens 4 Stunden im Kühlschrank ziehen lassen.

Übrigens: Gaby hat ihr Rezept in „rheinischer Reimform" verfasst:
Kartoffeln gekocht, gepellt und geschnüppelt,
dabei wie Biolek ein Glas Wein gesüppelt,
Zwiebel, Eier, Gurken gehackt,
dann sorgfältig unter die Kartoffeln gepackt.
Alles vermengt mit Miracel und Brühe, dann abschmecken,
mmmhh ... hat sich gelohnt, die Mühe ...

Zutaten für 10–12 Portionen
Zubereitungszeit: 1 Stunde +
4 Stunden Ruhezeit

2,5 kg festkochende Kartoffeln
Salz
5 Eier
2 mittlere Zwiebeln
10 Gewürzgurken
3 Brühwürfel (fette Brühe)
2 Gläser Miracel whip Balance
  (250 g, kalorienreduziert)
schwarzer Pfeffer aus der Mühle

Hähnchenkeulen
„Chicken in the basket"

1. Die Hähnchenkeulen waschen, mit Küchenpapier trockentupfen und rundherum kräftig mit Salz, Pfeffer und Chilipulver würzen. Den Backofen auf 200 °C (Umluft 180 °C) mit Grillstufe vorheizen.

2. Das Eiweiß verquirlen und die Hähnchenkeulen darin eintauchen. Anschließend in den Haferflocken wälzen oder damit bestreuen.

3. Das Pflanzenöl in einer größeren Pfanne erhitzen und darin die Hähnchenkeulen von allen Seiten knusprig braten. Dabei mit einem Esslöffel immer wieder Fett aus der Pfanne über die Hähnchenkeulen gießen.

4. Sobald die Hähnchenkeulen rundherum knusprig gebraten sind, diese auf ein mit Alufolie ausgelegtes Backblech legen und zum Fertiggaren für 10 Minuten in den Backofen schieben. Im Backofen nach Belieben mit Chilisauce bepinseln.

Tipp: Die gebratenen Hähnchenkeulen in einem (Brot-) Korb servieren, der mit Papier ausgelegt wurde. Zur besseren Handhabung der Keulen diese am Knochenende hübsch mit Alufolie umwickeln.

Zutaten für 4 Portionen
Zubereitungszeit: 1 Stunde

8 Hähnchenkeulen
Salz
schwarzer Pfeffer aus der Mühle
Chilipulver
2 Eiweiß
100 g Haferflocken
200 ml Pflanzenöl
evtl. Chilisauce zum Bestreichen

Pesto-Spätzle *mit* Saltimbocca-Spießchen

Zutaten für 4 Portionen
Zubereitungszeit: 1 Stunde

500 g Mehl
5 Eier
100 g rotes oder grünes Pesto (Fertig-
    produkt)
⅛ l Mineralwasser mit Kohlensäure
Salz
400 g dünne Schweineschnitzel
schwarzer Pfeffer aus der Mühle
16 frische Salbeiblättchen
100 g hauchdünne Parmaschinken-
    scheiben
1 EL Mehl
2 EL Pflanzenöl
100 ml Weißwein
200 g Sahne

Außerdem:
8 Holzspießchen (Zahnstocher)

1. Mit den Knethaken eines elektrischen Handrührgeräts aus dem Mehl, den Eiern, dem Pesto und dem Mineralwasser einen zähen, klebrigen Teig herstellen.

2. Den Teig mit einem Spätzlehobel portionsweise in kochendes Salzwasser schaben. Sobald das Salzwasser wieder aufkocht, die fertigen Spätzle mit einem Schaumlöffel herausnehmen und in kaltes Wasser legen. Solange fortfahren, bis der Teig aufgebraucht ist. Die Spätzle in ein Sieb gießen, mehrmals mit kaltem Wasser spülen und gründlich abtropfen lassen.

3. Die Schweineschnitzel in etwa 8 dünne Streifen schneiden. Alle Fleischstreifen rundherum mit Salz und Pfeffer würzen. Einen Fleischstreifen mit je 2 Salbeiblättern und Parmaschinken belegen, aufrollen und mit einem Hölzchen feststecken.

4. Die Fleischschneckchen mit etwas Mehl bestäuben und im heißen Pflanzenöl von allen Seiten scharf anbraten. Die Hitze reduzieren und in 5–7 Minuten fertig braten. Herausnehmen, auf einen Teller legen und mit Alufolie abdecken.

5. Den Bratensatz mit dem Weißwein ablöschen und kurz einkochen lassen. Mit der Sahne aufgießen, mit Salz und Pfeffer würzen und den eventuell übrigen Salbei einrühren. Die Spätzle in heißer Butter schwenken und mit Salz und Pfeffer würzen.

Tipp: Dieses Gericht ist auch zum Transport in „andere Partyhöhlen" geeignet. Es lässt sich sehr gut vorbereiten: Die Spätzle können mit Butter in einer Auflaufform im Backofen heiß gemacht werden und die Saltimbocca-Spießchen können auch kalt ohne Sauce auf einer Servierplatte angerichtet werden.

Kalte *Erbsensuppe* *mit* **Garnelen**

Zutaten für 4 Portionen
Zubereitungszeit: 30 Minuten

etwa 20 frische Minzeblättchen
300 g aufgetaute Erbsen (TK)
100 g Vollmilchjoghurt
¼ l kalte Geflügelbrühe
Salz
schwarzer Pfeffer aus der Mühle
Chilipulver
8 große, geschälte Garnelen
1 EL Olivenöl

1. Die Minzeblättchen waschen und in Streifen schneiden. Die Hälfte davon mit den Erbsen, dem Joghurt sowie der Geflügelbrühe im Küchenmixer fein pürieren. Kräftig mit Salz, Pfeffer sowie Chilipulver würzen und in vier Suppenschalen verteilen.
2. Die Garnelen waschen und trockentupfen. Das Olivenöl in einer Pfanne erhitzen und darin die Garnelen von beiden Seiten insgesamt 1 Minute braten. Mit Salz und Pfeffer würzen.
3. Je zwei Garnelen in jede Suppenschale geben und mit den restlichen Minzestreifen garnieren.

Kartoffel-*Gemüse-*Lasagne

Zutaten für 4 Portionen
Zubereitungszeit: 90 Minuten

800 g Gemüse und Pilze, bestehend
   aus Möhren, Zucchini, Champignons
   und Lauch
Salz
2 Fleischtomaten
500 g gekochte Kartoffeln vom Vortag
80 g Butter
50 g Mehl
1 l Milch
2 Lorbeerblätter
12 Lasagneblätter (fertig, ohne
   Vorkochen)
schwarzer Pfeffer aus der Mühle
150 g Mozzarella
Butter für die Form

1. Das Gemüse putzen und waschen. Die Möhren schälen und zusammen mit den Zucchini in ½ cm dicke Scheiben schneiden. Die Champignons und den Lauch in dünne Scheiben schneiden.

2. Das vorbereitete Gemüse in kochendes Salzwasser geben, 1 Minute kochen lassen und in ein Sieb abgießen. Mit kaltem Wasser abschrecken und abtropfen lassen. Den Backofen auf 180 °C (Umluft 160 °C) vorheizen und eine Auflaufform mit Butter ausfetten.

3. Die Fleischtomaten waschen und in Scheiben schneiden. Die Kartoffeln schälen und ebenfalls in Scheiben schneiden. In einem Topf aus der Butter und dem Mehl eine helle Schwitze rühren. Mit der Milch aufgießen, die Lorbeerblätter einlegen und aufkochen. Unter ständigem Rühren einige Minuten leise kochen lassen.

4. Die Béchamelsauce durch ein Sieb passieren und bereitstellen. Zuerst den Boden der Form mit etwas Béchamel beträufeln. Darauf drei Lasagneblätter nebeneinander legen, mit Sauce überziehen und darüber gemischtes Gemüse und Pilze verteilen. Dann nacheinander die Lasagneblätter, die Sauce und die Kartoffeln in die Form schichten und den Vorgang wiederholen. Mit Gemüse und Pilzen beenden.

5. Jede Schicht kräftig mit Salz und Pfeffer würzen. Den Mozzarella in dünne Scheiben schneiden und das Gemüse damit belegen. Mit der restlichen Sauce überziehen. Den Auflauf in den Ofen auf die mittlere Schiene stellen und etwa 40 Minuten backen.

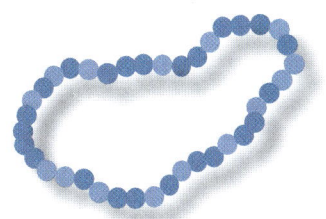

Tipp: Die Lasagne kann schon am Vortag zubereitet werden. Die Gemüse-Lasagne kommt auch ohne Kartoffeln „klar". Einfach den Anteil von saisonalem Gemüse erhöhen.

Gittas *Zucchini-Quiche* mit **Krabben**

Zutaten für 1 Spring- oder Tarteform (26 cm Durchmesser)
Zubereitungszeit: 30 Minuten +
40 Minuten Backzeit +
30 Minuten Ruhezeit

Teig:
250 g Mehl
1 TL Backpulver
1 Prise Salz
1 Ei
100 g zimmerwarme Butter
Butter und Mehl für die Form
2 EL Semmelbrösel (Paniermehl)

Füllung:
500 g Zucchini
2 Eier
1 Eigelb
200 g Hüttenkäse
Salz
schwarzer Pfeffer aus der Mühle
1 Prise frisch geriebene Muskatnuss
2 EL Speisestärke
150 g geschälte Krabben

1. Das Mehl mit dem Backpulver und dem Salz auf eine Arbeitsfläche sieben. In der Mitte eine Mulde formen, das Ei hinzufügen und die Butter in Flöckchen auf den Mehlrand setzen. Mit den Händen rasch einen Teig kneten, diesen zu einer Kugel formen, in Klarsichtfolie wickeln und für 30 Minuten in den Kühlschrank legen.

2. Die Zucchini waschen und auf einer Küchenreibe grob raspeln. Auf Küchenpapier auslegen, damit die Flüssigkeit aufgesaugt wird. Die Eier und das Eigelb verquirlen und den Hüttenkäse unterrühren. Die Zucchiniraspel untermischen und alles mit Salz, Pfeffer und Muskatnuss würzen. Die Speisestärke darüberstäuben und unterrühren. Zuletzt die Krabben unterheben.

3. Den Backofen auf 200 °C (Umluft 180 °C) vorheizen und die Form mit Butter ausstreichen und mit Mehl ausklopfen. Den Teig auf einer bemehlten Arbeitsfläche auswellen und die Form bis zum Rand hoch damit auskleiden. Den Teigboden mehrmals mit einer Gabel einstechen und die Semmelbrösel darüberstreuen.

4. Die Zucchinimasse einfüllen und glatt streichen. Die Form auf die mittlere Schiene in den vorgeheizten Backofen stellen und die Quiche etwa 40 Minuten backen.

Übrigens: Wenn Gitta aus unserer Mädelsrunde zum Kochen an der Reihe ist, gibt es meistens Quiche, Flammkuchen, Pizza oder eben etwas Gebackenes mit viel Käse.

Im Nu gezaubert

Das geht ja „Ratz-Fatz".

Im Vorfeld zu überlegen, was „frau" kochen könnte, dauert länger als die Zubereitung. Für das Mädelstreffen einzukaufen ist zudem nicht immer lustig, wenn es sowieso tausend andere Dinge zu erledigen gibt. Doch sobald sich die Koch-Idee umgesetzt als Einkauf im Kühl- oder Trockenschrank befindet, fängt die Entspannung an.

Gute Musik auflegen, vom (Berufs-)Alltag „runterkommen" und dabei den Tisch für die Mädels decken: Wasser- und Proseccogläser, Servietten mit Besteck – vielleicht noch irgendeinen „Tüttelkram" wie für jeden einen kleinen Schoko-Schneemann-Hase-Bär oder Schoko-Frösche auf die Servietten legen – und in die Tischmitte einen bunt bestückten Früchtekorb stellen. Hauptsache, der Tisch ist liebevoll gedeckt!

Die Vorbereitung und/oder Zubereitung hält sich in diesem Kapitel bei der Rezeptauswahl in Grenzen, denn im Nu gezaubert kann heißen: Schnell in der Zubereitung und dann ab in den Ofen! Längere Garzeiten, aber wenig Arbeit. Oder etwas mehr Vorarbeit und schnelles Kochen.

Mit meinem Risotto (Seite 99) fange ich immer erst kurz vor dem Eintreffen der Mädels an. Zum einen kann es durchaus vorkommen, dass die Parkplatz-Suche 10 Minuten länger in Anspruch nimmt und ich sowieso mit dem „punktgenau fertiggestellten" Gericht alleine dastehen würde. Zum anderen mag ich den Treffpunkt Küche gerne, damit jede noch in den Topf oder in den Backofen gucken kann. Dann warte ich auf „Ahs" und Ohs" und Aussagen wie „Das riecht aber lecker" oder „Darauf freue ich mich". Oder wie Gitta jedes Mal sagt: „Ich habe den ganzen Tag nur ein Brötchen gegessen und habe einen wahnsinnigen Hunger". (Wer's glaubt, wird selig, denken sich die anderen dabei und rollen mit den Augen ...)

Ein Gericht exakt auf die vereinbarte Uhrzeit fertigzustellen, ist nicht empfehlenswert. Meine Devise lautet da eher: „Die Mädels sollen auf das frisch gekochte Essen warten und nicht umgekehrt". Nichts ist schlimmer als zu lang gegarte Nudeln, verkochtes Gemüse, übergarte Steaks oder ein zu breiiges Risotto zu servieren. Lieber die Mädels „so richtig aushungern lassen" und den Beifall als Köchin einheimsen.

Gitta kann auch „im Nu zaubern" – das hat sie uns des Öfteren schon vorgeführt, indem sie für uns TK-Pizzen in den Backofen schiebt. Das ist allerdings nicht verwerflich, denn zweimal im Jahr bestellen wir das bei ihr im Voraus ... wenn sie mit dem Treff an der Reihe ist.

Susannes
Krabbensuppe

Zutaten für 4 Portionen
Zubereitungszeit: 30 Minuten

400 g gepulte Nordseekrabben
Saft von 1 Zitrone
1 l Hühnersuppe (Fertigbrühe)
12 Ecken Sahne-Schmelzkäse
200 g Sahne (1 Becher)
schwarzer Pfeffer aus der Mühle
Salz
½ Bund Dill
8 Toastscheiben zum Servieren

1. Die Nordseekrabben mit dem Zitronensaft beträufeln und locker vermengen. Die Hühnersuppe aufkochen lassen und dann die Hitze zurückdrehen.
2. Unter fortwährendem Rühren die Schmelzkäseecken hinzufügen und so lange rühren, bis sie sich homogen mit der Suppe vermischen. Die Sahne einrühren und alles bei kleiner Hitze einige Minuten ziehen lassen. Mit Pfeffer würzen, nach Bedarf auch salzen.
3. Den Dill waschen, trockenschwenken, von den Stielen zupfen und fein hacken. Die Nordseekrabben in Suppentassen oder -tellern verteilen und mit etwas Dill bestreuen. Die Weißbrotscheiben toasten und jede Toastscheibe diagonal in Dreiecke schneiden.
4. Die Suppe im Topf auf den Esstisch stellen. Jeder kann sich auf seine Portion Krabben Suppe gießen. Die Toastecken dazu servieren.

Tipp: Susanne kommt von der Nordseeküste und serviert immer wieder mal, wenn das „Heimweh" ruft oder die Zeit zwischen Arbeitsende und Mädelstreff am Abend zu knapp ist, diese köstliche und sehr schnell zubereitete „Nordsee-Küstensuppe". Zur Suppe gibt es bei ihr knackig ofenfrisches Baguette, das ideal zum Stippen in der Suppe geeignet ist. Als Vorspeise serviert Susanne gerne einen saisonalen „Quer-durch-den-Garten-Salat" und zum Nachtisch gibt es viel frisches Obst, damit die „sahnelastige Suppe" gut verdaut werden kann.

Backkartoffeln mit Chili- und Lachsdip

Zutaten für 4 Portionen
Zubereitungszeit: 1 Stunde

8 mittelgroße Kartoffeln (mehligkochende Sorte)
Kräutersalz

Räucherlachsdip:
150 g Räucherlachs
200 g saure Sahne
1 EL gemischte Kräuter (TK)
Saft von ½ Zitrone
schwarzer Pfeffer aus der Mühle
Salz

Chili-Bohnen-Dip:
1 kleine Zwiebel
1 Knoblauchzehe
2 EL Pflanzenöl
250 g Rinderhackfleisch
1 EL Tomatenmark
100 ml Rotwein (oder Brühe)
Cayennepfeffer
1 kleine Dose Kidneybohnen
   (Abtropfgewicht 255 g)

1. Den Backofen auf 200 °C (Umluft 180 °C) vorheizen. Die Kartoffeln waschen, trockenreiben und jeweils 1 Kartoffel auf ein Stück Alufolie legen. Mit Kräutersalz würzen und die Kartoffeln in die Alufolie einpacken und auf ein Backblech geben. Im vorgeheizten Backofen je nach Größe der Kartoffeln 40–50 Minuten garen.

2. In der Zwischenzeit die Dips vorbereiten. Dazu den Räucherlachs in feine Streifen schneiden. Die saure Sahne mit den Kräutern sowie dem Zitronensaft verrühren und die Räucherlachsstreifen unterziehen. Mit Pfeffer würzen, vorsichtig salzen. In eine Servierschale füllen und bis zum Gebrauch abgedeckt in den Kühlschrank stellen.

3. Die Zwiebel und die Knoblauchzehe schälen, fein würfeln und in heißem Pflanzenöl 2 Minuten andünsten. Das Rinderhackfleisch hinzufügen und unter Rühren krümelig braten. Dann das Tomatenmark kurz mitrösten und mit dem Rotwein oder der Brühe ablöschen. Mit Salz, Pfeffer und Cayennepfeffer würzen.

4. Die Kidneybohnen zum Hackfleisch geben und alles bei mittlerer Hitze etwa 10 Minuten leise köcheln lassen. Nochmals abschmecken. Die fertig gegarten Kartoffeln mit beiden Dips servieren.

Beilage: Backkartoffeln sind immer wieder etwas Schönes, denn die Füllungen bzw. Dips dazu können individuell und auch je nach Kühlschrankinhalt oder saisonalen Angeboten variiert werden. Es eignen sich dazu beispielsweise Fertigsalate wie Krabben- oder Thunfischsalat, Kräuterjoghurt mit in Stiften geschnittenen Möhren, gebeizter Lachs mit Senfsauce oder verschiedene Räucherfischfilets.

Geflügelbrüstchen *im* Tomatenbad

Zutaten für 4 Portionen
Zubereitungszeit: 60 Minuten

1 EL Olivenöl für die Auflaufform
250 g Tomaten
1 Bund Basilikum
Salz
schwarzer Pfeffer aus der Mühle
4 Hähnchenbrüste (etwa 600 g)
500 g passierte Tomaten (oder
   gestückelte)
100 ml Weißwein (oder Brühe)

1. Den Backofen auf 200 °C (Umluft 180 °C) vorheizen und eine Auflaufform mit Olivenöl beträufeln. Die Tomaten waschen und in dünne Scheiben schneiden. Das Basilikum waschen und trockenschwenken, die Blättchen abzupfen und in Streifen schneiden.

2. Den Boden der Auflaufform mit den Tomatenscheiben auslegen und darauf die Hälfte der Basilikumstreifen streuen. Alles mit Salz und Pfeffer würzen. Die Hähnchenbrüste kalt waschen, mit Küchenpapier abtrocknen und rundherum mit Salz und Pfeffer würzen.

3. Die Hähnchenbrüste in die Auflaufform geben. Die passierten Tomaten mit dem Weißwein oder der Brühe und den restlichen Basilikumstreifen verrühren und mit Salz und Pfeffer würzen. Über die Hähnchenbrüste gießen – alles soll bedeckt sein, wenn nicht, dann mehr Wein oder Brühe verwenden.

4. Die Auflaufform mit Alufolie bedecken und in den vorgeheizten Backofen stellen. Die Garzeit beträgt etwa 40 Minuten.

Tipp: Parallel dazu Bandnudeln oder Nudeln nach Wahl kochen. Auf Teller verteilen, darauf die Hähnchenbrüste anrichten und die Sauce löffelweise darüberziehen.

Variante: Die passierten oder gestückelten Tomaten mit Sahne statt mit Weißwein oder Brühe verrühren. Die Sauce wird dadurch cremiger. Die Sauce im Rezept schmeckt fruchtig – mit viel Kräuterwürze.

Putensteaks
mit **Thunfischsauce**

Zutaten für 4 Portionen
Zubereitungszeit: 30 Minuten

800 g kleine Putensteaks (Schnitzel)
Salz
schwarzer Pfeffer aus der Mühle
2 Frühlingszwiebeln
1 kleine Dose Thunfisch (Abtropfgewicht 180 g)
1 EL Kapern mit 2 EL Einlegewasser
Saft von 1 Zitrone
200 g saure Sahne
1 EL Olivenöl
Cayennepfeffer
3 EL Pflanzenöl
1 EL gehackte Petersilie

1. Die Putensteaks mit Salz und Pfeffer würzen. Die Früh-lingszwiebeln putzen und in kleine Würfel schneiden.
2. Den Thunfisch abtropfen lassen und zusammen mit den Kapern und dem Einlegewasser, dem Zitronensaft, der sauren Sahne und dem Olivenöl mit einem Stabmixer fein pürieren. Mit Salz, Pfeffer und Cayennepfeffer würzen.
3. Das Pflanzenöl in einer großen oder zwei kleineren Pfannen erhitzen und darin die Putensteaks auf jeder Seite 2 Minuten braten. Herausnehmen und auf einer Ser-vierplatte anrichten. Mit Frühlingszwiebeln und Petersilie bestreuen. Die Thunfischsauce separat servieren.

Tipp: Dazu gibt es frisches Weißbrot, gemischte Oliven und Antipasti (fertig zum Kaufen) wie eingelegte Paprika-schoten, Artischockenherzen und marinierte Champig-nons.

Spaghetti

puttanesca

Zutaten für 4 Portionen
Zubereitungszeit: 40 Minuten

1. Die Tomaten kreuzweise einschneiden, mit kochend heißem Wasser überbrühen, häuten, entkernen und fein würfeln. Die Petersilie waschen, trockenschütteln, von den Stielen zupfen und fein hacken.

2. Die Oliven entkernen und klein schneiden. Die Chilischote waschen, längs aufschneiden, entkernen und fein würfeln. Die Knoblauchzehen schälen und fein würfeln. Die Sardellenfilets unter kaltem Wasser abspülen, mit Küchenpapier trocknen und klein schneiden. Die Kapern leicht zerkleinern.

3. Die Spaghetti in reichlich kochendem Salzwasser in etwa 10 Minuten bissfest garen. Parallel dazu in einem Topf das Olivenöl erhitzen. Die Knoblauch- und die Chiliwürfel kurz andünsten. Die Tomatenstücke hinzufügen und unter gelegentlichem Rühren 5–8 Minuten garen.

4. Die Sardellenstücke, die Oliven, die Petersilie und die Kapern in die Sauce rühren. Mit Pfeffer würzen und vorsichtig salzen. Mit einer Schaumkelle die fertigen Spaghetti vom Kochwasser in die Sauce heben und alles locker vermengen. Im Topf auf den Tisch stellen.

500 g Tomaten
1 Bund Petersilie
150 g schwarze Oliven
1 frische rote Chilischote
4 Knoblauchzehen
4 eingelegte Sardellenfilets
50 g eingelegte Kapern
500 g Spaghetti
Salz
4 EL Olivenöl
schwarzer Pfeffer aus der Mühle

Marions
Tom-Kha-Gai-Suppe

1. Die Hühnchenbrüste in etwa 4 cm lange und 1 cm breite Streifen oder in 1 cm² Stücke schneiden. Die Austernpilze putzen und in kleinere Stücke schneiden. Die Knoblauchzehe und die Schalotten schälen, halbieren und in dünne Streifen schneiden.
2. Das Zitronengras waschen, längs halbieren und quer dritteln. Die Kaffir-Limettenblätter waschen. Den Koriander waschen, trockenschütteln, die Blättchen abzupfen und fein hacken. Die Limetten zu Saft pressen.
3. Die Geflügelbrühe mit der Kokosmilch und dem Limettensaft in einem Topf verrühren. Zusammen mit dem Knoblauch, den Schalotten, den Kaffir-Limettenblättern und dem Zitronengras aufkochen. Die Hitze zurückdrehen und die Austernpilze sowie das Hühnchenfleisch einrühren. Alles bei kleiner Hitze etwa 10 Minuten ziehen lassen. Kurz vor dem Servieren mit Thai-Fischsauce, Salz und Pfeffer würzen.

Küchentipp: Aromaten wie Knoblauch, Schalotten, Kaffir-Limettenblätter und Zitronengras brauchen nicht mitgegessen werden.

Tipp: Marion kocht bei unseren Mädeltreffs nicht immer, da ihr die Zeit oftmals dazu fehlt. Doch die Mädels freuen sich dann auch mal sehr über ein „kaltes Abendbrot". Dazu gibt es frisches Brot und Brezeln, einen großen Käseteller, frisches Schweinemett, Fisch wie geräucherten Lachs oder Heringshappen, verschiedene Brotaufstriche wie beispielsweise Quark und Thunfisch. Auch ein gemischter Salat ist stets dabei, aber ohne Paprikastreifen, da Birgit diese nicht mag. Zum Dessert gibt es viel frisches Obst – und auch süße Sünden wie Schokolade und Lakritze.

Zutaten für 4 Portionen
Zubereitungszeit: 40 Minuten

400 g enthäutete Hühnchenbrüste
200 g Austernpilze
1 Knoblauchzehe
2 Schalotten
1 Stängel Zitronengras
2 Kaffir-Limettenblätter
1 kleines Bund Koriander
2 Limetten
300 ml Geflügelbrühe (Instant)
½ l Kokosmilch
4 EL Thai-Fischsauce
Salz
grob geschroteter schwarzer Pfeffer

Gabis südafrikanisches
Coke-Hähnchen

1. Die Hähnchenteile waschen, mit Küchenpapier trockentupfen und rundherum kräftig mit Salz und Pfeffer und nach Belieben mit Brathähnchengewürz würzen. Eine Auflaufform mit Pflanzenöl ausstreichen und die Hähnchenteile einlegen. Den Backofen auf 200 °C (Umluft 180 °C) vorheizen.

2. Die Zwiebel sowie die Möhre schälen und klein würfeln. Die Kartoffel schälen und auf einer Küchenreibe fein reiben. Das Tomatenketchup mit dem Curryketchup, der Coca Cola und der Zwiebelsuppe verrühren und die Zwiebel- und die Möhrenwürfel sowie die geriebene Kartoffel untermischen.

3. Die Mischung auf den Hähnchenteilen gleichmäßig verteilen. Die Auflaufform mit Alufolie abdecken und in den vorgeheizten Backofen schieben. Die Hähnchenteile etwa 50 Minuten garen lassen. Dann die Alufolie abnehmen und die Hähnchenteile in etwa 10 Minuten knusprig fertig backen.

Übrigens: Gabi experimentiert gerne und ist sehr offen für neue Gerichte. Die Coca Cola gibt diesem Gericht Zucker zum Karamellisieren und einen leicht rauchigen Geschmack.

Beilage: Paprikareis – dazu 2 gewürfelte Paprikaschoten in 2 EL Pflanzenöl kurz andünsten. 200 g Langkornreis einstreuen, kurz mitdünsten und alles mit ½ l Gemüsebrühe aufgießen. Aufkochen lassen, dann die Hitze reduzieren und den Reis fertig kochen. Mit Salz und Pfeffer würzen und 1 EL gehackte Petersilie unterziehen.

Zutaten für 4 Portionen
Zubereitungszeit: 70 Minuten

8 Hähnchenteile (Keulen und Brüste)
Salz
schwarzer Pfeffer aus der Mühle
nach Belieben: Brathähnchengewürz
Pflanzenöl für die Form
1 Zwiebel
1 Möhre
1 Kartoffel
200 ml Tomatenketchup
200 ml Curryketchup (oder Chutneysauce)
200 ml Coca Cola
200 ml braune warme Zwiebelsuppe (Instant)

Rucola-Stampf *mit* **Räucherlachs**

Zutaten für 4 Portionen
Zubereitungszeit: 40 Minuten

1 kg mehligkochende Kartoffeln
Salz
100 g Rucola
250 g Räucherlachs
1 Glas Sahnemeerrettich zum Servieren
2 EL zimmerwarme Butter
schwarzer Pfeffer aus der Mühle

1. Die Kartoffeln waschen, schälen und in gleich große Stücke schneiden. Mit kaltem Wasser und einer kräftigen Prise Salz zum Kochen aufstellen. Die Garzeit beträgt in etwa 30 Minuten.

2. In der Zwischenzeit den Rucola putzen (dabei dicke Stängel entfernen), waschen und quer in 1–2 cm Stücke schneiden. Den Räucherlachs auf einer Servierplatte auslegen und den Sahnemeerrettich dazustellen.

3. Die fertig gegarten Kartoffeln abgießen und grob zerstampfen. Mit der Butter leicht verrühren und den Rucola untermischen. Den Rucola-Stampf auf vier großen Tellern verteilen und mit schwarzem Pfeffer bestäuben.

Tipp: Dieser Stampf lässt sich auch mit saurer Sahne toppen – und darauf wird Kaviar (Seehasenrogen) gestreut. Schmeckt superlecker. Als Vorspeise gibt es gemischten Salat und zur Nachspeise Pflaumenkuchen von Birgit.

Risotto *mit* **Feigen** *und* **Früchten**

1. Die Feigen waschen und vierteln. Vier Feigen schälen und das Fruchtfleisch klein schneiden. Die Zwiebel schälen und fein würfeln. Den Apfel schälen, entkernen und in kleine Spalten schneiden. Die Banane schälen und in Scheibchen schneiden.

2. Die Butter in einem Topf erhitzen und darin die Zwiebelwürfel andünsten. Die Apfelspalten, die Bananenscheiben und den Reis hinzufügen und 1–2 Minuten braten. Mit Currypulver, Salz und Pfeffer würzen und mit etwas Flüssigkeit aufgießen.

3. Das Risotto immer wieder mal durchrühren und dabei mit Prosecco oder/und Gemüsebrühe begießen. So lange fortfahren, bis das Reisgericht nach etwa 30 Minuten fertig gegart ist. Kurz vor Ende der Garzeit die klein geschnittenen Feigen unterheben.

4. Die restlichen Feigenviertel so einschneiden, dass die Früchte beim Essen von der Hautunterseite abgegessen werden können. Die Schinkenscheiben in so kleine Stücke schneiden, dass sie auf den Feigenvierteln platziert werden können. Das Risotto nochmals abschmecken und in tiefe Teller verteilen. Mit den Schinken-Feigen garnieren.

Zutaten für 4 Portionen
Zubereitungszeit: 40 Minuten

8 frische Feigen
1 kleine Zwiebel
1 säuerlicher Apfel
1 Banane
1 EL Butter
250 g Risotto-Reis
1 TL kräftiges Currypulver
Salz
schwarzer Pfeffer
¼ l Prosecco (oder Gemüsebrühe)
¼ l Gemüsebrühe
100 g luftgetrocknete Schinkenscheiben (z.B. Parma)

Lachscarpaccio
mit Avocadodressing

Zutaten für 4 Portionen
Zubereitungszeit: 30 Minuten

2 Frühlingszwiebeln
2 Zitronen
1 reife Avocado
4 EL Olivenöl
Salz
schwarzer Pfeffer aus der Mühle
500 g frisches Lachsfilet (siehe Tipp)
1 EL Kapern

1. Die Frühlingszwiebeln putzen und sehr fein würfeln. Eine Zitrone so schälen, dass auch die weiße Haut entfernt ist, und in kleine Würfel schneiden. Die andere Zitrone auspressen.

2. Den Backofen auf 180 °C (Umluft 160 °C) vorheizen und 4 Teller zum Heißwerden in den Ofen stellen. Die Avocado schälen, den Kern entfernen und das Fruchtfleisch mit dem Zitronensaft und dem Olivenöl mit einem Stabmixer pürieren. Mit Salz und Pfeffer würzen und die Frühlingszwiebelwürfel unterziehen.

3. Das Lachsfilet mit einem sehr scharfen Messer in hauchdünne Scheibchen schneiden. Mit einem Topfhandschuh nacheinander je einen heißen Teller aus dem Backofen nehmen und die Lachsscheibchen darauf breitflächig auslegen.

4. Jeden Lachsteller löffelweise mit etwas Avocadosauce überziehen. Mit Kapern und Zitronenstückchen bestreuen.

Tipp: Das rohe Lachscarpaccio wird durch die heißen Teller „angegart" – der Lachs ist somit nicht mehr roh. Die Avocadosauce mariniert die obere Seite der Lachsscheiben.

Beilage: Dazu passen Tomatensalat und Kräuterbaguette (TK) aus dem Backofen.

„Multikulti"

Heute Döner und morgen Sushi

„So richtig Deutsch essen wir doch schon lange nicht mehr", sagt Susanne und erzählt von ihrer Südafrika-Reise. Und irgendwie hat sie Recht, denn Curry, Pizza, Spaghetti, Sushi, wie es wöchentlich oft auf dem Speisenplan steht, sind nun mal international. Wir lieben die Möglichkeit, uns in Zeiten von Multikulti, Internet und international bestückten Geschäften nach Lust und Laune Gerichte aus aller Welt kochen zu können.

Dabei ist es immens wichtig, dass wir zwar die Rezepte aus allen Ecken der Welt haben, aber die Zutaten stets frisch, möglichst saisonal und regional in unserem Umfeld besorgen (können).

Die Glasnudeln für das Fondue oder die Currypaste fallen zwar nicht in diese Kategorie, aber Fleisch, Gemüse, Pilze und Früchte sehr wohl. Die Zutaten für den Kaaspott (Seite 110) können wir nach Tagesangeboten auf dem Bauernmarkt oder im Supermarkt einkaufen, und es ist nicht obligatorisch, dass immer dieselben Gemüse in den Käse gedippt werden, sondern es können jedes Mal andere Gemüse oder Früchte sein.

Rezepte sind für uns „Mädels" immer Inspirationsquellen, die von Mal zu Mal anders gewürzt oder mit den unterschiedlichsten Zutaten bestückt werden. Deshalb ist es bei manchen Rezepten einfach schwierig, sie zum Nachkochen aufzuschreiben. Wer weiß, beim nächsten Treff kann das „Shabu-Shabu-Fondue" wieder anders schmecken, weil wir statt Hähnchenbrust Putenfleisch, statt Rinderfilet Kalbsfilet, statt Garnelen Lachsfilet und statt Frühlingszwiebeln und Chinakohl Zucchini und Pak Choi verwenden. An Stelle von Glasnudeln nehmen wir japanische Reisnudeln und die Dipsauce bereiten wir mit Radieschen statt mit Rettich zu. Und falls ich „zu viel" Zeit und vor allem Muse habe, kann es auch sein, dass ich für das Enchilada-Rezept (Seite 104) statt fertige Weizentortillas zu verwenden einfach selber frische Tortillas oder pikante Pfannkuchen für das Rezept backe.

Es gibt *Enchiladas, Baby!*

Zutaten für 4 Portionen
Zubereitungszeit: 50 Minuten

1 Bund Frühlingszwiebeln
2 Knoblauchzehen
1 kleine, rote Chilischote
1 EL Pflanzenöl
250 g Rinderhackfleisch
250 g gewürfelte Tomaten (Tetra pak)
1 Dose Kidneybohnen
1 TL Oregano
Salz
schwarzer Pfeffer aus der Mühle
1 kleiner Kopf Eisbergsalat
2 Paprikaschoten (grün und rot)
1 kleine Dose Gemüsemais
8 Weizentortillas (Fertigprodukt)
200 g saure Sahne
150 g Gouda, grob geraspelt

1. Die Frühlingszwiebeln putzen, die Knoblauchzehen schälen und beides fein würfeln. Die Chilischote säubern, entkernen und den Stielansatz entfernen, dann die Schote in kleine Würfel schneiden. Das Pflanzenöl in einer Pfanne erhitzen und darin die vorbereiteten Zutaten 2 Minuten andünsten. Das Rinderhackfleisch hinzufügen und krümelig braten. Die Tomaten und die abgetropften Kidneybohnen einrühren. Alles mit Oregano, Salz und Pfeffer würzen und bei kleiner Hitze zugedeckt etwa 15 Minuten leise schmoren lassen.

2. In der Zwischenzeit den Eisbergsalat putzen, in Streifen schneiden, waschen und abtropfen lassen. Die Paprikaschoten waschen, halbieren, entkernen und Stielansätze entfernen, dann die Schoten in etwa ½ cm² große Stücke schneiden. Den Gemüsemais abtropfen lassen. Die Weizentortillas im vorgeheizten Backofen bei 160 °C (Umluft 140 °C) 5–8 Minuten erwärmen. Alle vorbereiteten Zutaten sowie die saure Sahne und den Käse in Schüsselchen auf den Esstisch stellen. Die Hackfleischpfanne nochmals abschmecken und mit auf den Tisch stellen.

Übrigens: Enchiladas sind eigentlich gefüllte Tortillas, die mit Sauce überzogen und überbacken werden. Es macht aber viel mehr Spaß, den Tisch voll mit Zutaten zu haben, die individuell in die Tortillas gepackt und eingerollt werden können. Ansonsten die Tortillas mit Hackfleisch und mit Gemüse belegen, aufrollen und in eine Form dicht nebeneinander legen. Mit gewürfelten Tomaten überziehen, mit Gouda bestreuen und im vorgeheizten Backofen bei 200 °C (Umluft 180 °C) in etwa 20 Minuten überbacken.

Shabu-Shabu-
Fondue

Zutaten für 4 Portionen
Zubereitungszeit: 30 Minuten

100 g Glasnudeln
250 g Hähnchenbrust
250 g Rinder- oder Schweinefilet
1 Tintenfisch-Tube (100g)
8 geschälte Tigergarnelen
  (Riesengarnelen)
2 Frühlingszwiebeln
¼ Chinakohl
1,5 l starke Hühnerbrühe
2 EL Hondashi (japanisches Würzmittel)

Dip:
50 g Rettich
1 Schalotte
1 kleine Knoblauchzehe
200 ml helle Sojasauce
10 Tropfen Sesamöl
6 Tropfen Tabasco
1 TL Hondashi

1. Die Glasnudeln in eine Schüssel legen, mit kochendem Wasser begießen und 15 Minuten quellen lassen. Die Hähnchenbrust sowie das Rinder- bzw. Schweinefilet in gleichmäßige schmale Streifen schneiden. Den Tintenfisch sowie die Riesengarnelen waschen und trockentupfen.
2. Die Tintenfisch-Tube in dünne Streifen schneiden. Fleisch und Fisch getrennt auf einer runden Servierplatte „erhaben" anrichten. Die Frühlingszwiebeln putzen, längs vierteln und in etwa 3 cm lange Stücke schneiden.
3. Den Chinakohl entblättern, waschen, trockenschwenken und in etwa 1 cm breite Streifen schneiden. Das Gemüse auf Tellern anrichten. Die Glasnudeln abgießen, gründlich abtropfen lassen und auf dem Tisch bereitstellen.
4. Für die Sauce den Rettich auf einer Küchenreibe sehr fein raspeln. Die Schalotte sowie die Knoblauchzehe abziehen und dazureiben. Alles vorsichtig unter die Sojasauce rühren. Mit Sesamöl, Tabasco und Hondashi-Gewürz abschmecken.
5. Die Sauce in vier Portionsschalen füllen. Die Hühnerbrühe aufkochen, mit dem Gewürz abschmecken und den Topf am Tisch bereitstellen.

Tipp: Dieses Fondue ist etwas Besonderes für besondere Anlässe: den „Mädels" mal einen Kurzurlaub in Asien zaubern und gemeinsam aus dem Topf essen – das verbindet. Der Name dieses Fondues zergeht auf der Zunge – wenn die Zutaten sanft in die leicht köchelnde Brühe untertauchen, hört man ganz leise, wie es „Shabu-Shabu" macht.
Bei diesem Fondue benutzt man keine Fonduegabeln, sondern, wie in asiatischen Läden angeboten, lange Drahtstiele mit kleinen Sieben. Jeder gibt in sein Sieb die gewünschten Zutaten und versenkt sie in der Brühe. Zum Abschluss wird die Brühe in Portionsschüsseln mit einem Eigelb und einem Schuss Reiswein (oder Sherry) verrührt und getrunken. Dazu gibt es Krupuk (frittiertes Krabbenbrot) und Reis. Weitere passende Gewürze und zusätzliche Saucen finden Sie in Thai-, Japan- oder Asialäden.

Birgits **Hackfleischtorte**
„Kreuzberg"

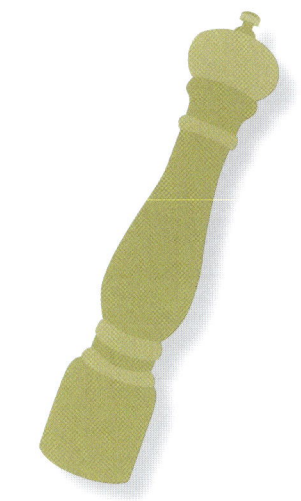

1. Den Backofen auf 220 °C (Umluft 200 °C) vorheizen und die Auflaufform mit Pflanzenöl ausfetten. Die Köfte in der Form verteilen, in den Backofen schieben und 15 Minuten vorbacken. Die geschälten Tomaten in ein Sieb geben und gut abtropfen lassen.
2. Die Zwiebeln schälen und in Ringe schneiden. Die Paprikaschoten waschen, halbieren, entkernen sowie die Stielansätze entfernen und in Streifen schneiden. Die Champignons putzen und feinblättrig schneiden.
3. 2 EL Pflanzenöl in einer Pfanne erhitzen und darin die Zwiebelringe einige Minuten andünsten. Die Paprika-streifen hinzufügen und unter Rühren weitere 3 Minuten braten. Zuletzt die Champignons hinzufügen, alles mit Salz und Pfeffer würzen und weitere 5 Minuten braten.
4. Die Auflaufform aus dem Backofen nehmen und die Köfte zuerst mit den abgetropften Tomaten belegen und dann mit dem Pfanneninhalt. Die Zigeunersoße mit der Crème fraîche, dem Tomatenketchup und 2 EL Pflanzenöl verrühren und auf dem Auflauf verteilen.
5. Die Auflaufform in den Backofen stellen und die Hack-fleischtorte 50 Minuten schmoren lassen. Dann den Käse darüberstreuen und noch etwa 10 Minuten weiterbacken.

Tipp: Birgit macht bei unseren Treffs immer viel zu viel Essen – und es bleibt immer etwas übrig. Wobei „ihre Män-ner" ganz froh sind, wenn in der Küche viel zu Naschen steht ...

Zutaten für 4–6 Portionen
Zubereitungszeit: 70 Minuten

1 EL Pflanzenöl für die Auflaufform
1 kg Hackfleisch (Köfte vom Türken)
1 große Dose geschälte Tomaten (850 g)
3 große Zwiebeln
3 Paprikaschoten (rot, gelb und grün)
150 g frische Champignons
4 EL Pflanzenöl
Salz
schwarzer Pfeffer aus der Mühle
1 Flasche Zigeunersoße (¼ l)
150 g Crème fraîche
100 ml Tomatenketchup
150 g geriebener Käse (z.B. Gouda)

Ofen-**Papayas** „*Karibik*"

Zutaten für 4 Portionen
Zubereitungszeit: 1 Stunde

1 EL Pflanzenöl für die Auflaufform
1 Zwiebel
1 Knoblauchzehe
1 große reife Papaya (etwa 800 g,
   oder 2 kleine à etwa 300 g)
Saft von 1 Limette
2 EL Pflanzenöl
250 g Rinderhackfleisch
Salz
schwarzer Pfeffer aus der Mühle
¼ TL gemahlener Piment
¼ TL gemahlene Muskatblüte (Macis)
100 g geriebener Edamer
1 EL Butterflöckchen

1. Die Zwiebel und die Knoblauchzehe schälen und fein würfeln. Die Papaya längs halbieren, entkernen und vom Fruchtfleisch so viel herausschneiden, dass die Papayahälften noch stehen können. Den Backofen auf 200 °C (Umluft 180 °C) vorheizen und eine entsprechende Auflaufform mit Pflanzenöl ausstreichen.

2. Die Papayahälften in die Form geben und mit etwas Limettensaft beträufeln. Das herausgelöste Fruchtfleisch etwas kleiner schneiden und mit dem restlichem Limettensaft vermischen. Das Pflanzenöl in einer Pfanne erhitzen und darin die Zwiebel- und Knoblauchwürfel andünsten. Das Rinderhackfleisch hinzufügen und unter Rühren krümelig braten. Mit Salz, Pfeffer, Piment und Muskatblüte würzen.

3. Das Papayafruchtfleisch unter das Hackfleisch mischen und alles in die Papayahälften füllen. Mit Käse bestreuen und mit Butterflöckchen belegen. In den vorgeheizten Backofen schieben und etwa 30 Minuten backen.

Übrigens: Es macht mir großen Spaß, etwas Neues und auch Exotisches ausprobieren. Dieses Gericht habe ich einmal in Louisiana gegessen, dort wurde mir aber gesagt, dass es ein karibisches Gericht sei. Es stammt von den ABC-Inseln, die holländisch geprägt sind. Daher erklärt sich auch die Zugabe von Edamer. Dieses Rezept kann statt mit Papaya auch mit Kürbis oder Zucchini zubereitet werden. Dazu passt Reis, am besten üppig mit Currypulver gewürzt.

Kaaspott mit *Früchten* und *Gemüse*

Zutaten für 4 Portionen
Zubereitungszeit: 40 Minuten

1 Knoblauchzehe
200 g alter Gouda
300 g junger Gouda
100 g Edamer
1 EL Mehl
¼ l Prosecco (oder Weißwein)
grob geschroteter schwarzer Pfeffer
250 g Weintrauben
250 g Cocktailtomaten
1 Fenchelknolle
1 Zucchino

1. Die Knoblauchzehe schälen, halbieren und den Fonduetopf mit den Hälften ausreiben. Die drei Käsesorten grob reiben und zusammen mit dem Mehl und dem Prosecco in den Fonduetopf geben. Unter ständigem Rühren langsam schmelzen lassen. Mit Pfeffer würzen.
2. Die Weintrauben waschen und einzeln abnehmen. Die Cocktailtomaten waschen. Die Fenchelknolle halbieren, entstrunken und quer in breite Streifen schneiden. Den Zucchino waschen, die Stielenden entfernen, den Zucchino längs halbieren und in Scheibchen schneiden.
3. Die vorbereiteten Zutaten auf Tellern anrichten und auf den Tisch stellen. Den Fonduetopf mit dem „Käsebad" auf die Wärmevorrichtung stellen.

Tipp: Wir essen gerne und viel Käsefondue, aber auch immer mit verschiedenen Käsesorten und Zutaten zum Dippen. Dabei ist es wichtig, dass möglichst viele Gemüse und Früchte wie beispielsweise auch Ananas (die ist meistens dabei), Äpfel- und Birnenspalten, Stangensellerie und Oliven auf dem Tisch stehen. Brot nur bedingt, denn das liegt zusammen mit dem Käse schwer im Magen.

Sushi-Wickler am **Werk**

1. Den Reis in einem Sieb kalt abspülen und abtropfen lassen. Knapp 1 l kaltes Wasser in einen Topf geben und den Reis darin aufkochen lassen. Etwa 2 Minuten weiterkochen, dann die Hitze stark reduzieren. Den Topf mit einem Deckel verschließen und den Reis weitere 15 Minuten ausquellen lassen.
2. Den Topf vom Herd nehmen und den Reis erkalten lassen. Den Reisessig mit dem Zucker und dem Salz unter Rühren aufkochen und abkühlen lassen. Anschließend mit dem kalten Reis vermengen. Den Koriander waschen, trockenschütteln, die Blättchen abzupfen und fein hacken.
3. Die Salatgurke waschen, längs in 2 Hälften schneiden und jede Hälfte in dünne Streifen schneiden. Je 1 Noriblatt auf die Rollmatte legen. Hauchdünn mit Wasabi-Paste bestreichen und den Reis etwa ½ cm hoch daraufstreichen, dabei 1 cm Rand frei lassen. Mit Lachsscheiben oder Gurkenstreifen belegen. Mit Sesam oder/und mit Koriander bestreuen. Die Matte leicht anheben und die Sushis fest aufrollen.
4. Die Ränder der Sushi-Rollen glatt schneiden und jede Rolle in 6 Stücke schneiden. Mit den Schnittflächen auf eine Platte legen und servieren. Die Sojasauce und den eingelegten Ingwer am Tisch bereitstellen.

Übrigens: Oftmals kochen wir auch gemeinsam. Speziell beim „Sushi wickeln und rollen" bietet sich das förmlich an, denn man braucht „Publikum", um für die handwerkliche Kunst gelobt zu werden: „Guck mal meine Rolle an – sie fällt überhaupt nicht auseinander", heißt es dann in der Küche.

Tipp: In Algenblättern, die man genauso wie die Sushimatte im Asienladen bekommt, kann eigentlich alles eingewickelt werden. Ein Blick in den Kühlschrank, und schon werden Möhren geraspelt und Avocados aufgeschnitten. Frischkäse passt zu frischen Sojabohnensprossen, Zucchini werden in Streifen geschnitten und dazu noch etwas geräuchertes Forellenfilet – und auch Streifen vom Eisbergsalat.

Zutaten für 4–6 Portionen
Zubereitungszeit: 40 Minuten

500 g japanischer Sushi-Reis
3 EL Reisessig
2 EL Zucker
1 ½ TL Salz
1 Bund Koriander
1 Salatgurke
1 Packung Noriblätter (10 Stück, 27 g)
1 kleine Tube Wasabipaste (43 g)
100 g Räucherlachsscheiben
2 EL gerösteter Sesamsamen

Zum Servieren:
Sojasauce im Fläschchen
eingelegter Ingwer

Außerdem:
1 Sushi-Rollmatte

Grünes *Curry-Huhn mit Duftreis*

Zutaten für 4 Portionen
Zubereitungszeit: 30 Minuten

2 Tassen Duftreis (etwa 250 g)
Salz
400 g Hühnerbrust
1 EL helle Sojasauce
schwarzer Pfeffer aus der Mühle
1 rote Chilischote
200 g Mini-Auberginen
200 g Sojabohnensprossen
1 EL Pflanzenöl
1 EL grüne, thailändische Currypaste
¼ l Kokosmilch (1 Dose)
¼ l Geflügelbrühe

1. Den Reis in einer Tasse abmessen und in einen Topf rieseln lassen. Dann mit derselben Tasse die doppelte Menge Wasser zugießen. Mit Salz würzen und nach dem ersten Aufkochen die Hitze zurückdrehen. Zwischendurch umrühren und den Reis bei kleiner Hitze so lange garen, bis die Flüssigkeit aufgesogen ist.

2. In der Zwischenzeit das Hühnerfleisch in etwa 1 cm breite Streifen schneiden. Mit Sojasauce beträufeln und mit Pfeffer würzen. Die Chilischote waschen, entkernen und in Streifen schneiden. Die Mini-Auberginen waschen und vierteln.

3. Die Sojabohnensprossen waschen und in einem Sieb abtropfen lassen. In einer größeren Pfanne mit hohem Rand oder in einer Wokpfanne das Pflanzenöl erhitzen und darin unter Rühren die Currypaste anbraten.

4. Mit Kokosmilch ablöschen und mit Geflügelbrühe aufgießen. Nach dem ersten Aufkochen die vorbereiteten Zutaten einrühren und diese bei mittlerer Hitze in etwa 10 Minuten gar ziehen lassen.

Übrigens: Manchmal, wenn ich spät mit dem Kochen anfange, kann es sein, dass wir mit einem Gläschen Prosecco in der Küche anstoßen und alle das Curry am Herd probieren. Dabei kann schon mal die Currysauce mit einem Schlückchen „parfümiert" werden.

Spanischer Ofenreis
„Paella"

Zutaten für 4 Portionen
Zubereitungszeit: 50 Minuten

1 Zwiebel

2 Knoblauchzehen

2 Stangen Staudensellerie

1 Möhre

1 Paprikaschote

1 kleine rote Chilischote

1 kleines Bund Petersilie

4 Hähnchenschenkel

Salz

schwarzer Pfeffer aus der Mühle

200 g Chorizo (oder Cabanossi)

200 g geschälte Garnelen

Saft von ½ Zitrone

4 EL Pflanzenöl

250 g Rundkornreis (z.B. Arborio)

200 ml trockener Weißwein

1 Prise gemahlener Safran

¼ l Hühnerbrühe

1. Die Zwiebel und die Knoblauchzehen schälen und fein hacken. Das Gemüse waschen, den Sellerie entfädeln und in kleine Stückchen schneiden. Die Möhre schälen und fein würfeln. Die Paprikaschote sowie die Chilischote entkernen, den Stielansatz entfernen und die Schoten klein würfeln.
2. Die Petersilie waschen, trockenschwenken und die Blättchen abzupfen. Die Hähnchenschenkel waschen, trockentupfen und mit Salz und Pfeffer würzen. Die Wurst pellen, längs vierteln und in Scheibchen schneiden. Die Garnelen mit Zitronensaft vermischen.
3. Den Backofen auf 200 °C (Umluft 180 °C) vorheizen. In einem Bräter 2 EL Pflanzenöl erhitzen und darin die Hähnchenstücke von allen Seiten kräftig anbraten. Mit Salz und Pfeffer würzen und auf einen Teller legen. Das restliche Pflanzenöl in den Bratensatz gießen und die Wurst sowie das Gemüse unter Rühren 2–3 Minuten andünsten.
4. Den Reis einstreuen, mit Salz und Pfeffer würzen und mit Weißwein ablöschen. Mit Safran würzen und dann mit der Hühnerbrühe aufgießen. Einmal aufkochen lassen und die gebratenen Hähnchenschenkel in den Bräter geben.
5. Den Bräter in den vorgeheizten Backofen schieben und das Reisgericht etwa 30 Minuten garen lassen. Dann den Bräter aus dem Backofen nehmen und die Hälfte der Petersilie sowie die Garnelen untermischen. Den Bräter zurück in den Backofen schieben und die Paella in etwa 10 Minuten fertig garen. Mit der restlichen Petersilie bestreuen und den Bräter auf den Esstisch stellen.

Übrigens: Diese spanische Reispfanne kann beliebig bestückt werden, ob nun mit Zucchini, Tomaten, Putenfleisch, Erbsen, Muscheln, Gemüsemais oder mit Speckwürfeln – bei mir schmeckt diese Paella jedes Mal anders. Die rote spanische Chorizo hat ihre Farbe und auch die Schärfe von Paprika, kräftig gewürzt mit Knoblauch. Sie besteht aus Schweinefleisch und wird zu Rohwurst getrocknet. Als Ersatz für diese Wurst kann man auch eine scharfe Dauersalami verwenden.

Monikas
Bagna Caôda

Zutaten für 4 Portionen
Zubereitungszeit: 40 Minuten

2 Knollen Knoblauch
½ l Milch
100 g in Salz eingelegte Sardellen
4 Paprikaschoten
2 Fenchelknollen
1 Zucchino
200 ml Olivenöl
1 großes Baguette

1. Den Knoblauch schälen und die Zehen in einem Topf mit Milch aufkochen. Dann die Hitze reduzieren und den Knoblauch bei milder Hitze in etwa 30 Minuten zu Mus kochen.

2. In der Zwischenzeit die Sardellen waschen, trockentupfen und klein hacken. Das Gemüse putzen, waschen und in mundgerechte Stücke oder Streifen schneiden. Alles auf einer Platte anrichten.

3. Vom Knoblauchmus die überschüssige Milch abgießen und die Sardellen sowie das Olivenöl hinzugeben und unter Rühren vorsichtig erhitzen. Das „warme Bad" in einen Fonduetopf oder einem Caquelon über einem Rechaud auf den Tisch stellen. Die Gemüse zum Dippen für das „warme Bad" reichen. Das Baguette im Brotkorb anrichten.

Übrigens: Die Milch saugt den Knoblauchgeruch zunächst vollständig auf, also keine Angst vor den zwei Knollen Knoblauch. Dieses Rezept habe ich vor Jahren von meiner Freundin Monika bekommen – und bereite es bestimmt zwei- bis dreimal im Jahr zu. Meine Mädels waren davon auch total begeistert – nur ihre Männer haben sich noch Tage danach über den später entstehenden Geruch beschwert ...

Erdnuss-Bohnen-Kartoffeln *aus Bali*

Zutaten für 4 Portionen
Zubereitungszeit: 50 Minuten

1 kg Kartoffeln
Salz
500 g grüne Bohnen
4 Schalotten
1 EL Pflanzenöl
100 g ungesalzene Erdnüsse
50 g Erdnussbutter
200 ml Kokosmilch
Chilipulver
1 EL helle Sojasauce
schwarzer Pfeffer aus der Mühle
250 g frische Sojabohnensprossen
2 große Möhren
250 g Weißkohl (oder Chinakohl)

1. Die Kartoffeln waschen und in Salzwasser je nach Größe in etwa 30 Minuten zu Pellkartoffeln kochen. Die Bohnen putzen, je nach Größe halbieren oder dritteln und in kochendem Salzwasser blanchieren. Herausnehmen, mit kaltem Wasser abschrecken und abtropfen lassen.

2. Die Schalotten schälen, in Streifen schneiden und im Pflanzenöl 6–7 Minuten goldbraun braten. Die Pfanne beiseite ziehen. Die Erdnüsse grob hacken und in einer heißen Pfanne ohne Fett 2–3 Minuten rösten, bis sie duften.

3. In einem kleinen Topf die Erdnussbutter unter Zugabe von 100 ml Wasser cremig rühren. Die Kokosmilch einrühren und alles kräftig mit Chilipulver, Sojasauce und Pfeffer würzen. Einige Minuten weiterrühren und dann den Topf beiseite ziehen.

4. Die Sojabohnensprossen waschen, abtropfen lassen und mit Küchenpapier trockentupfen. Die Möhren schälen und in streichholzartige Stifte schneiden. Den Weißkohl putzen und in feinste Streifen hobeln.

5. Die Kartoffeln abgießen, kurz ausdampfen lassen, schälen und in Scheiben schneiden. Alle vorbereiteten Zutaten auf einer großen Servierplatte hübsch anrichten und löffelweise mit Erdnusssoße überziehen. Mit gebratenen Schalotten garnieren und mit gerösteten Erdnüssen bestreuen.

Tipp: Dazu Cocktailgarnelen und frisch aufgeschnittene Mango- und Papayascheibchen servieren. Oder auch mal wieder Ananas …

Süße Sünden

So ganz „ohne" geht es nie.

Der süße Abschluss muss immer sein, sei es auch nur, dass gekauftes Konfekt, Schokolade, Lakritze und Cookies auf dem Esstisch stehen. Und da die Zubereitung eines Desserts einige Zeit in Anspruch nimmt, wird im Vorfeld von dem jeweiligen „Mädel", das turnusmäßig mit dem Kochen an der Reihe ist, entweder das Hauptaugenmerk auf das Hauptgericht oder das Dessert gerichtet. Schlemmen wir also im Vorfeld „mengen- und kalorienmäßig" schon beachtlich, dann sieht es mit dem Dessert wirklich düster aus. Jede von uns hält sich satt gegessen den Bauch und stöhnt: „Für mich bitte nur noch einen Espresso mit Süßstoff". (Das ist überhaupt der Running-Gag in unserer Runde, wenn alle vor einem großen Stück Torte sitzen und zum Kaffee oder Tee ausdrücklich Süßstoff verlangen ...)

Ein Dessert hat für uns den Stand eines Hauptgerichtes. Bereite ich den Kaiserschmarrn (Seite 132) vor, so gibt es diese „süße Sünde" immer als Hauptspeise, davor ein „Salätchen" und danach die berühmte Ananas. Gibt es das köstliche Schoggi-Fondue (Seite 120), bedeutet das davor „kalte Küche" mit Brot, Käse, Schinken und Grünzeug, nur um den kleinen pikanten Appetit davor zu stillen. Die Zitronengranita (Seite 134) hat dagegen wieder einen eher neutralen Stand, denn nach viel Schlemmerei kann dieses eiskalte Vergnügen „das Bäuchlein" zufrieden stimmen. Der lauwarme Kirschkuchen (Seite 122) wird als Hauptgericht in der Backform auf den Tisch gestellt – und davon bleibt nichts mehr übrig. Davor serviere ich gerne eine kleine Schüssel gekochter Garnelen mit Schalen, die am Tisch selbst gepult, in Cocktailsauce gedippt und mit Baguette gegessen werden. Fazit: Wir sind immer für süße Sünden zu haben, und wenn sie auf dem Tisch stehen sowieso! Und gerne wird beim „süßen Löffel-Schwelgen" Oscar Wilde zitiert: „Versuchungen sollte man nachgeben. Man weiß nicht, ob sie wiederkommen!"

Lauras
Schoggi-Fondue

1. Die Schokolade in Stückchen brechen und im heißen Wasserbad schmelzen. Darauf achten, dass die Schokolade langsam schmilzt, d.h. das Wasser darf nicht heftig kochen.

2. Die Früchte waschen, wenn nötig schälen und in mundgerechte Stücke schneiden. Auf Teller verteilen und am Tisch bereitstellen.

3. Die geschmolzene Schokolade bereitstellen (siehe Tipp) und die aufgespießten Früchte darin eintauchen.

Tipp: Es gibt spezielle Schoko-Fondue-Vorrichtungen, dabei wird der Steinguttopf auf einen Rechaud mit Teelicht gestellt. Falls dieses Utensil im Haushalt nicht vorhanden ist, einfach für jede Portion die geschmolzene Schokolade in eine Portionsschüssel füllen.

Zutaten für 4 Portionen
Zubereitungszeit: 30 Minuten

300 g Vollmilchschokolade
1 kg Früchte nach Wahl: z.B. Äpfel,
  Birnen, Bananen, Weintrauben,
  Physalis, Aprikosen, Pfirsich etc.
Spieße oder Fonduegabeln

Lauwarmer *Kirschkuchen* „Clafoutis" mit *Vanillesauce*

**Zutaten für 1 runde Auflaufform
(Durchmesser etwa 28 cm)
Zubereitungszeit: 30 Minuten +
40 Minuten Backzeit**

500 g frische süße Kirschen
Butter für die Form
Puderzucker zum Bestäuben
3 Eier
2 EL Puderzucker
1 Prise Salz
100 g Mehl
¼ l Milch

Vanillesauce:
¼ l Milch
1 Vanilleschote
3 EL Zucker
1 TL Speisestärke
1 Eigelb

1. Die Kirschen waschen, abtropfen lassen und entkernen. Den Backofen auf 220 °C (Umluft 200 °C) vorheizen und eine Auflaufform mit Butter ausfetten. Die Kirschen gleichmäßig darin verteilen.

2. Mit einem elektrischen Handrührgerät die Eier mit dem Puderzucker und 1 Prise Salz schaumig aufschlagen. Das Mehl und die Milch nach und nach unterrühren, so dass ein lockerer Teig entsteht.

3. Den Teig löffelweise über die Kirschen ziehen, bis sie ganz bedeckt sind. Die Form in den vorgeheizten Backofen schieben und den Auflauf 35–40 Minuten backen, bis die Oberfläche leicht gebräunt ist.

4. In der Zwischenzeit die Milch für die Vanillesauce mit der aufgeschnittenen Vanilleschote sowie dem Zucker aufkochen. Die Speisestärke mit 2–3 EL Milch glatt rühren, in den Topf rühren und die Sauce unter ständigem Rühren leicht eindicken lassen.

5. Die Vanilleschote entfernen und in die leicht abgekühlte Vanillemilch 1 Eigelb einrühren. Bis zum Servieren kühl stellen. Den fertig gebackenen Kirschauflauf aus dem Backofen nehmen, kurz abkühlen lassen, mit Puderzucker bestreuen und servieren.

Mandelpfirsiche
aus dem Backofen

Zutaten für 4 Portionen
Zubereitungszeit: 40 Minuten

4 große saftige Pfirsiche
2 EL zimmerwarme Butter
100 g Mandelplätzchen (Amaretti)
Saft von ½ Zitrone
5 EL Mandellikör (Amaretto)
1 Eigelb
2 EL Zucker
50 g Mascarpone
Puderzucker zum Bestäuben

1. Die Pfirsiche waschen, an der Oberseite kreuzweise einschneiden und in kochendes Wasser legen. Sobald sich die Häute lösen, die Pfirsiche abgießen und mit kaltem Wasser abschrecken. Die Pfirsiche häuten, quer halbieren und die Steine entfernen. Das innere Fruchtfleisch großzügig herausschneiden und klein würfeln.

2. Den Backofen auf 200 °C (Umluft 180 °C) vorheizen und eine entsprechend große Auflaufform mit 1 EL Butter ausfetten. Die Mandelplätzchen in ein Küchentuch geben und mit der platten Seite eines Fleischklopfers oder einem Nudelholz fein zerkrümeln.

3. Die Plätzchenkrümel mit Zitronensaft und Mandellikör beträufeln. Das Pfirsichfruchtfleisch, das Eigelb, den Zucker und den Mascarpone unterrühren. Die Pfirsichhälften damit füllen und in die Auflaufform setzen. Die Form in den vorgeheizten Backofen schieben und die gefüllten Pfirsichhälften in etwa 15 Minuten überbacken. Am besten in der Form servieren und alles üppig mit Puderzucker bestäuben.

Tipp: Dazu schmeckt Cappuccino ... und ein Berg Schlagsahne.

Kanadischer *Flickschuster* mit **Brombeer-Pfirsich**

Zutaten für 4 ofenfeste Steingut-förmchen (à 200–250 ml Inhalt)
Zubereitungszeit: 30 Minuten +
30 Minuten Backzeit

Butter für die Förmchen
200 g Brombeeren (oder Blaubeeren)
2 schöne Pfirsiche
100 g zimmerwarme Butter
100 g Zucker
1 Ei
100 g Mehl
1 Pck. Backpulver
100 ml Milch
Puderzucker zum Bestäuben

1. Den Backofen auf 220 °C (Umluft 200 °C) vorheizen und die Förmchen mit Butter ausfetten. Die Brombeeren oder Blaubeeren waschen und auf Küchenpapier abtropfen lassen.
2. Die Pfirsiche blanchieren, mit kaltem Wasser abschrecken und häuten. Das Fruchtfleisch in dünne Spalten schneiden und dabei die Kerne entfernen. Die Brombeeren (oder Blaubeeren) und die Pfirsichspalten in den 4 Förmchen verteilen.
3. Mit einem elektrischen Handrührgerät die Butter, den Zucker und das Ei cremig rühren. Das Mehl mit dem Backpulver versieben und abwechselnd mit der Milch einrühren, bis ein lockerer Teig entsteht.
4. Den Teig gleichmäßig über die Früchte verteilen und die Förmchen in den vorgeheizten Backofen stellen. Die Backzeit beträgt etwa 30 Minuten. Sobald die Oberflächen goldbraun sind, die Förmchen herausnehmen. Mit Puderzucker bestäuben und lauwarm oder kalt genießen.

Übrigens: Diese lauwarmen Flickschuster habe ich in Kanada – in einem süßen Café auf Vancouver Island – als „Cobbler" kennen und lieben gelernt. Die Caféinhaberin Mary war so nett, mir das Rezept zu geben, allerdings musste ich die „Cups" und „Spoons" auf meinen deutschen Haushalt umrechnen, ausprobieren und anpassen. Dazu schmeckt Vanille- oder Schokoeis.

Rote Grütze *mit* Zimt-Eierlikörparfait

1. Für das Parfait die Sahne mit dem Vanillezucker steif schlagen und die Schüssel in den Kühlschrank stellen. Die Eigelbe, das Ei sowie den Zucker in einer hitzebeständigen Schüssel über einem heißen Wasserbad mit einem Schneebesen aufschlagen, bis eine homogene Creme entsteht.

2. Die Schüssel vom Topf nehmen und die Creme kalt schlagen. Langsam den Zimt sowie den Eierlikör unterziehen und zuletzt die Schlagsahne unterheben. Die Creme für etwa 3 Stunden in das Gefrierfach stellen.

3. In der Zwischenzeit die Beeren waschen, Erdbeeren entstielen und in Viertel schneiden. Alle Beeren trockentupfen. In einem Topf den Johannisbeersaft und den Zucker unter Rühren aufkochen. Etwa 600 g gemischte Beeren einrühren und alles 3–4 Minuten sprudelnd kochen lassen. Die Speisestärke mit dem Rotwein glatt rühren und in den Topf rühren. Nur kurz aufkochen lassen, bis die Grütze andickt.

4. Die rohen, zurückbehaltenen Beeren unter die Grütze ziehen und alles in 4 Portionsschalen oder tiefen Tellern verteilen. Bei Zimmertemperatur abkühlen lassen, dann mit Puderzucker bestäuben, mit Klarsichtfolie abdecken und zum Kühlen für 3 Stunden in den Kühlschrank stellen.

5. Vor dem Servieren das Zimt-Eierlikörparfait etwa 15 Minuten antauen lassen. Mit einem Löffel oder Eisportionierer Kugeln oder Nocken ausstechen und diese auf die Grützeportionen verteilen.

Zutaten für 4 Portionen
Zubereitungszeit: 30 Minuten +
3 Stunden Gefrierzeit

Zimt-Eierlikörparfait:
250 g Sahne
½ Pck. Vanillezucker
2 Eigelb
1 Ei
50 g Zucker
1 Msp. gemahlener Zimt
5 EL Eierlikör

Rote Grütze:
800 g gemischte rote Beeren (Erdbeeren, Himbeeren, Johannisbeeren)
100 ml Johannisbeersaft
50 g Zucker
1 EL Speisestärke
3 EL Rotwein
1 TL Puderzucker

Überbackene
Prosecco-Birnen

Zutaten für 4 Portionen
Zubereitungszeit: 30 Minuten

4 schöne saftige Birnen (alternativ
   Birnenhälften aus der Konserve)
2 EL Birnenbranntwein
2 EL Zucker
2 Eier, getrennt
150 ml Prosecco (oder Sekt)
1 Pck. Vanillezucker
1 EL Puderzucker

1. Die Birnen waschen, schälen, halbieren und entkernen.
Beide Birnenhälften in dünne Scheibchen schneiden und
fächerartig in tiefen ofenfesten Tellern verteilen. Den
Birnenbranntwein mit dem Zucker verrühren und die
Birnen beträufeln. Den Backofen auf 180 °C (Umluft 160 °C)
vorheizen.

2. Das Eiweiß zu steifem Schnee schlagen. Die Eigelbe
mit dem Prosecco und dem Vanillezucker in einer hitzebeständigen Schüssel über einem heißen Wasserbad etwa
5 Minuten cremig aufschlagen. Die Creme vom Wasserbad
nehmen, kurz kalt schlagen und den Eischnee unterziehen.

3. Die marinierten Birnen mit der Prosecco-Creme löffelweise überziehen und mit dem Puderzucker bestäuben.
Jeweils 2 Teller (mehr haben nicht Platz) in den vorgeheizten Backofen stellen und die Birnen in 6–7 Minuten
überbacken.

Tipp: Die vier Birnen-Portionen können auch in einer
Auflaufform überbacken werden, aber die Portionsteller
sehen optisch hübscher aus. Aber Vorsicht: Die Teller sind
heiß!

Marzipanmousse
mit Schokolade

Zutaten für 4 Portionen
Zubereitungszeit: 20 Minuten +
3 Stunden Kühlzeit

4 Blatt weiße Gelatine
125 ml Milch
200 g Marzipanrohmasse
200 g Sahne
1 Eigelb
1 EL Mandellikör (Amaretto)
dicke Schokoladensauce (Fertigprodukt) zum Garnieren

1. Die Gelatineblätter in kaltem Wasser einweichen. Die Milch in einem Topf erwärmen und darin das Marzipan cremig rühren. Den Topf beiseite ziehen und die Masse abkühlen lassen.

2. Die Sahne steif schlagen. Das Eigelb mit dem Mandellikör unter das Marzipan rühren. Die Gelatine ausdrücken, in der Mikrowelle auflösen und mit in das Marzipan rühren. Zuletzt die Schlagsahne unterheben, die Mousse mit Folie abdecken und für mindestens 2 Stunden in den Kühlschrank stellen.

3. Mit Hilfe von zwei mit kaltem Wasser abgespülten Esslöffeln aus der Marzipanmousse Nocken stechen und formen. Auf Desserttellern anrichten und mit Schokoladensauce, die kunstvoll in dünnen Linien kreuz und quer darübergezogen wird, garnieren.

Tipp: Dazu passen, je nach Jahreszeit, frische Früchte wie Birnen, Himbeeren, Erdbeeren oder Äpfel.

Tiramisu *mit* Rhabarber-Zimt-Mascarpone

Zutaten für 4 Dessertgläser
Zubereitungszeit: 20 Minuten +
4 Stunden Kühlzeit

400 g Rhabarber
50 g Zucker
1 Zimtstange
100 ml Weißwein
150 g Mascarpone
150 g Vanillejoghurt
1 Pck. Vanillezucker
12 Löffelbiskuits
Puderzucker und gemahlener Zimt
   zum Servieren

1. Den Backofen auf 220 °C (Umluft 200 °C) vorheizen. Die Rhabarberstangen putzen, die Fäden entfernen, die Stangen waschen und quer in etwa 2 cm breite Stücke schneiden. In eine Auflaufform legen, mit dem Zucker bestreuen und die Zimtstange hinzufügen. Im vorgeheizten Backofen 8–9 Minuten anbacken lassen.

2. Die Auflaufform aus dem Ofen nehmen, die Zimtstange entfernen und die Rhabarberstücke mit dem Weißwein vermischen. Den Mascarpone mit dem Vanillejoghurt und dem Vanillezucker cremig rühren.

3. Die Löffelbiskuits passend zum Einschichten für die Gläser schneiden. Zunächst den Rhabarber auf die Gläser verteilen, dann die Mascarponecreme und die Löffelbiskuits abwechselnd in die Gläser schichten. Mit der Creme abschließen, die Gläser mit Folie verschließen und für etwa 4 Stunden zum Durchziehen in den Kühlschrank stellen. Zum Servieren die Folien abnehmen und mit einer Mischung aus Puderzucker und Zimt bestäuben.

Tiramisu-Variante:

Die Löffelbiskuits in Cappuccino-Tassen mit Himbeeren und Himbeerjoghurt einfüllen. Dabei jede Biskuitschicht mit Cassis-Likör beträufeln. 150 g Mascarpone mit 150 g Himbeerjoghurt verrühren und zwischen die Biskuits als Füllung geben. Die Tassenböden mit Himbeeren (frische oder aufgetaute TK) belegen. Mit frischen Himbeeren und Schlagsahne garnieren.

Let's Wok mit
Kaiserschmarrn

Zutaten für 4 Portionen
Zubereitungszeit: 30 Minuten

3 Eier, getrennt
150 g Mehl
200 ml Milch
4 EL geschmolzene Butter
50 g Mandelblättchen
1–2 EL Puderzucker

1. Mit einem elektrischen Handrührgerät das Eiweiß zu steifem Schnee schlagen. Die Eigelbe mit dem Mehl, der Milch und 1 EL Butter glatt rühren. Das Eiweiß locker unterheben.

2. Etwas Butter im beschichteten Wok erhitzen und die Hälfte der Mandelblättchen darin schwenken. Die Hälfte des Teigs einfüllen, stocken lassen und erst dann mit Hilfe von 2 Holzlöffeln wenden und dabei „zerreißen". Die Teigstückchen sollen von allen Seiten leicht gebräunt sein. Mit einem Teil Puderzucker bestäuben und im Wok servieren. Mit der zweiten Hälfte des Teigs genauso verfahren.

Tipp: Auf einer Berghütte im Himalayagebiet haben wir mal Kaiserschmarrn im Wok gebraten und seitdem bin ich ein Fan davon. Zudem ist es auch schön, die Wokpfanne mit Holzstiel auf den Esstisch zu stellen (natürlich mit Unterlage) und gemeinsam den Kaiserschmarrn „aufzugabeln".
Dazu passen gut Pflaumenkompott und warmer Pflaumenwein oder Apfelmus mit Zimtsahne.

Übrigens: Das Rezept gelingt auch in einer beschichteten Pfanne.

Tuttifrutti
im Tässchen

1. Die Früchte waschen, putzen und klein schneiden. Die Erdbeeren in Scheibchen schneiden, die Pfirsiche in kleine Würfel und die Himbeeren halbieren. Diese Fruchtmischung mit dem Multivitaminsaft vermengen.

2. Das Vanillepuddingpulver nach Packungsaufschrift zubereiten (d.h. mit einigen EL Milch und dem Zucker glatt rühren). Die restliche Milch aufkochen, das angerührte Puddingpulver einrühren und unter ständigem Rühren zu Pudding kochen. Den Topf vom Herd ziehen.

3. Die Löffelbiskuits passend zu den vier Tassen in Stücke schneiden. Die erste Löffelbiskuitschicht in den Tassenböden mit etwas Amaretto beträufeln. Einen Teil der Früchte darauf verteilen und diese mit Pudding bedecken. Solange fortfahren, bis alles aufgebraucht ist, und mit Pudding abschließen. Die Tassen in den Kühlschrank stellen und das Tutti-Frutti 3 Stunden kühlen lassen. Zum Servieren mit dem Puderzucker bestäuben.

Zutaten für 4 Portionen
Zubereitungszeit 30 Minuten +
2 Stunden Kühlzeit

500 g gemischte Früchte (Erdbeeren,
   Pfirsiche, Himbeeren)
3 EL Multivitaminsaft
1 Pck. Vanillepuddingpulver
½ l Milch
1 EL Zucker
100 g Löffelbiskuits
4 EL Amaretto (Mandellikör)
1 TL Puderzucker zum Servieren

Eiskaltes *Prosecco*-Vergnügen *mit* Zitronengranita

Zutaten für 4 Portionen
Zubereitungszeit: 10 Minuten +
4 Stunden Gefrierzeit

1 große Bio-Zitrone
100 g Puderzucker
1 Flasche Prosecco (0,75 l)
einige Zitronenmelisseblättchen zum
  Servieren

1. Die Zitrone unter heißem Wasser waschen und mit einem Tuch kräftig abtrocknen. Anschließend die Schale sehr fein abreiben. Dann die Frucht halbieren und den Saft auspressen.

2. Die fein abgeriebene Zitronenschale und den Zitronensaft mit dem Puderzucker verrühren. Mit dem Prosecco aufgießen und gut verrühren. In eine Schale füllen und für etwa 4 Stunden in das Gefrierfach stellen.

3. Während der Gefrierzeit die Granita jede Stunde einmal durchrühren und dabei die gefrorenen Schichten vom Rand in Richtung Mitte abschaben. Zum Servieren die Granita aus der Form schaben und in Sektgläser oder Glasschalen geben. Mit den Zitronenmelisseblättchen garnieren.

REGISTER